꽃무릇 피는 사연

김필규 시집

문학의전당 시인선
197

꽃무릇 피는 사연

김필규 시집

문학의전당

시인의 말

석양 앞에 선
이름 없는 한 그루 잡목
바람과 눈비와 눈물이 키웠다

속이 텅 빈 고목
아직도 가지에 물 올린다

시가 사랑을 다 못 담아내도
시인의 가슴은 뜨겁다
내 시집이 보람 없이 묻힌다 해도
나는 산수를 깔고 앉아
젊은 시를 쓴다

2015년 5월
허산재(虛山齋)에서 김필규

차례

시인의 말

제1부

아침 달　13
새벽 강　14
눈 내리는 강변　16
붉은 강　18
강변에서 3　20
봄나무　22
봄 땅　24
가을바람　25
마른 잎새 하나　26
안개의 식성　28
강물 4　29
꽃무릇 피는 사연　30
쌈밥　32
속 빈 나무　34
낙동강 일몰　35
강변장진주(江邊將進酒)　36
바람은 길을 탓하지 않는다　38
가을이 오면　40

제2부

생가(生家) 43
애기똥풀 44
소쩍새 45
아버지의 못 46
할머니의 못 48
상엿집 49
제웅 50
노고(老孤) 52
숙모님 방 54
연리목 55
귀향사계(歸鄕四季) 56
내 고향 현산리 58
징검다리 60
제비꽃 61
진동(振動) 62
아침 강변에 서서 64
모교 65
침묵 66

제3부

꽃을 기다리며　69
빈 구멍　70
기흉(氣胸)　72
굳은살　73
곰 인형　74
구포다리　75
땅속의 노인들　76
뒤꼭지　78
건망증　79
이빨 갈기　80
백내장　82
허공　83
멀고 먼 길　84
복 받으실 것입니다　85
티눈　86
슬픈 축제장　88
빈 화병　90
역방향　91
담배연기 때문에　92
숨 쉬는 장승　94

제4부

세진교　97
소록도　98
백양사의 가을　100
고분군　102
선암매　103
구룡사 가는 길　104
청산도 연가　106
태종대 회상　108
반구대 암각화　110
내소사 가는 길　111
눈 내리는 선운사　112
지리산을 넘으며　114
매창 무덤가에서　115
두물머리　116
포구　118
불국사 벚꽃　120
안창마을　121
자갈치　122

해설 │ 생에 대한 고요한 깨우침의 진동(振動)　123
　　　│ 김정자(시인·문학평론가)

제1부

아침 달

머리카락 잘라 삼아준
미투리 신고
분홍빛 도포자락 늘어뜨리고
임 가신 서천서역(西天西域)
뚜벅이 양반걸음으로
언제 가시려나

가다가 가다가
왜 자꾸 돌아보시나
그대 향한 간절한 그리움
달맞이꽃
못 잊어
못 잊어서 돌아보시나

새벽 강

강이 어둠을 붙잡고 있었다
강은 자못 엄숙한 자세로 출발을 준비하고 있었다
하늘에 별들이 빛나고
멀리 불빛은 밤새도록 켜져 있었고
검은 산이 수문장처럼 엄숙히 둘러섰다

강이 어둠을 놓는 순간 서서히 강문이 열린다
강이 열리니
동쪽 하늘의 서광이 붉게 타오르고
숨죽이던 강물이 비로소 뒤척인다
바다가 강물을 끌어당긴다
갈대와 나무는 일렁일렁
키 낮은 강아지풀은 얄랑얄랑
이별의 몸짓이다

새벽 강변에 서서
강이 치르는 아침 의식을 지켜본다
시위 군중처럼 밀고 가는 강물에

나를 실어 보낸다
더 이상 나는 여기 없다

하늘이 시퍼렇다

스마트폰 뉴스에
홍콩 민주화 시위 소식이 사진과 함께 떴다

세상은 날마다 개벽한다

눈 내리는 강변

새벽 강변에 오는 눈은
여인의 발자국 소리로 온다
여인의 치맛자락 끄는 소리로 온다
여인의 치마폭이 일으키는 바람으로 온다
여인의 숨소리로 온다
여인이 속삭이는 소리로 온다
사부작 사부작

날이 새면 여인은 돌아가리
그때는 눈물로 발길 적시리라

강 얼음이
오늘은 울지 않고
하얀 백지장이 되었다

백지장 위에 갈대 붓으로 연서를 쓴다

참 그립다고 쓴다

참 외롭다고 쓴다

아무리 써도 하늘이 금방 덮어버리고 만다
헛소리 말라는 듯이,
하늘도 풀밭도 갈대밭도 강도
다 백지장이다
나도 하얀 가슴이다

붉은 강

임이여 물을 건너지 마오
임은 그예 물을 건넜네
물에 빠져 죽으니
임이여 어이할꼬*

고조선 때 여옥(麗玉)이라는 여자가 있었다지요
백수광부(白首狂夫)가 물에 뛰어드는 것을 보고
강을 건너지 말라고 애원했다지요
그래도 백수광부는 물을 건너다 물에 빠져 죽고
여옥은 집에 돌아가 공무도하가를 지어 불렀다지요

저 선혈이 낭자한 강물을 보고
백수광부가 물에 뛰어들었겠네
저런 황홀지경(恍惚之境)이라면
누구나 한번 뛰어들고 싶지 않으랴
여옥 여옥, 내 여옥이여
내 간 뒤에는 울지 말아요
아마도 저기가

무릉도원(武陵桃源) 입구일지니

---

*공무도하가(公無渡河歌).

강변에서 3

강 저쪽인들 이쪽과 뭐 다르랴
이쪽 사람이 저쪽 사람 그리워하듯이
저쪽 사람도 이쪽 사람 그리워하겠지
거기도 강물처럼 세월은 흐르고
이쪽을 저쪽이라 부르겠지

물은 바람만큼 출렁이지 않는다
바람이 물 위를 첨벙거리며 지나간 다음에야
강물도 어지러운 바람의 발자국으로 출렁인다
나도 바람만큼 펄럭이지는 않는다
이 나이에 내가 펄럭이는 것도
지금 부는 바람 탓이 아니라
일찍 나를 흔들어놓고 간 지난날의 바람 때문이다

이미 새싹이 밀고 올라오는데도
허무로 서 있는 묵은 갈대가 헛몸짓 해댄다
저쪽의 저쪽인 이쪽 사람은
누구나 세월이 지나간 뒤에야

건너편 강 언덕이 궁금해지고
가슴도 아리는 것

봄나무

지금 산통(産痛) 중이다

새들도 나뭇가지에 함부로 앉지 않고
구름도 잠시 비껴간다
바람은 어제 불던 바람이 아니다
겨울을 난 별들의 입김이다
햇살은 인색하지만
자애로운 평등주의자다

지금 조용한 듯하지만
사실은 시끄럽다
들리지 않는 저 소리들
귀로 듣지 말고 가슴으로 들어라
저 은밀한 소리를
들을 줄 아는 사람에게만 봄이 온다

산통 중인 나무는
가을에 흘릴 눈물을 생각하지 않는다

세상의 어머니가 그랬던 것처럼
다만 탄생신화만 기록할 뿐이다
신화는 땅속 깊숙한 곳의 뿌리와
허공에 솟은 줄기와
태양을 향한 가지가 쓴다
잉태에서 탄생하려는 안간힘

봄 땅

 화분에 자라는 석류나무 한 그루가 봄만 되면 자꾸 새순을 올려 그때마다 새순을 몽당몽당 잘라서 웃자라는 것을 막았다 그러다 생각하니 아무리 나무지만 올라오는 새순을 잘라버리는 것이 너무 잔인한 일이고 나무가 아파서 비명을 지르는 것 같아 나무를 해방시키기로 했다 아파트 화단에 빈자리가 있어 삽날 꽂았더니 팔뚝만 한 파초 뿌리가 깜짝 놀라 튀어나왔다 파초 뿌리는 땅 위에 나자빠져 목맨 개처럼 절규하고 있었다 얼른 다시 묻어주고 마음속으로 사과했다

 봄 땅에 삽날 함부로 꽂지 말 일이다
 그 땅속에는
 민들레 씨앗이 싹을 준비하고 있을지도 모르고
 모란 뿌리가 붉은 꿈을 꾸고 있을지도 모르고
 이름 모를 풀씨들이 봄잠에서 깨어나고 있을지도 모른다
 봄 땅속은 만물의 꿈자리다
 어머니 가슴이다
 어머니 가슴에 삽날 함부로 꽂지 말 일이다

가을바람

갈밭 지나며 울음 배우고
고개 넘으며 이별을 배우느니
이제 어느 세상으로 가서
울음과 이별을 내려놓을까 저 바람,
애초에 이세상의 울음과 이별도
앞서간 바람이 내려놓은 것
사랑도 익으면 멀어지나니
잎도 나무와 이별하고
열매도 나무와 이별한다
가을엔 온통 이별뿐이니
우린 이 가을엔 이별하지 말자
몸 기대고 버티고 살다 보면
또 다른 바람이 우릴 떼어놓으리니
그때 우리 피눈물 흘리게 되리
가을바람엔 나무도
이별의 눈물 하염없이 흘리지 않더냐

마른 잎새 하나

겨울 산길에서
한겨울 강풍에도 떨어지지 않는
마른 나뭇잎을 본다
여름의 시퍼런 핏줄까지
가을 각혈로 다 토해내고도
저리 매달려 손 놓지 못하는
나무와 나뭇잎

찬바람 불어올 때마다
주먹 더욱 불끈 움켜쥐고
파르르 떨고 있는 창백한 눈물
나목(裸木)인들 서럽지 않으랴

나무에 매달린 마른 나뭇잎이
바람 든 내 허파에 들어
밤새도록 부스럭거린다
내가 겨울나무인지 마른 잎새인지
흔들어놓고 가는 바람은 알까

봄 되어 새싹 돋으면
미련 없이 손 놓고 땅에 누울
마른 잎새여

안개의 식성

안개는 거식자(巨食者), 닥치는 대로 삼켜버린다
산도 삼키고
도시도 삼키고
강을 가로지르는 다리도 삼키고
나무도 풀도 삼키고
멀리 흘러온 강물 입가심으로 마신다
두꺼비가 파리 잡아먹듯 뚝딱
부정축재 고관들의 식성을 닮았다
그러나 안개는 되새김질한다
삼킨 것들을 곧 뱉어내어 제자리에 갖다 놓는다
안개는 착한 거식자

안개 속에서 내가 익어 간다
나를 삼키는 것은 안개가 아니라
속도를 모르고 가는 세월이다

강물 4

내가 만약 강물을 운전하여 흘러갈 수 있다면
나는 은하수로 가겠네
하늘의 은하수와 땅의 강물을 합수시키고
첫날밤을 지켜보겠네
우주는 어떻게 사랑하는지,

견우직녀가 밤마다 건너다닐 다리를 놓고
나는 다리 옆 풀밭에 앉아
밤마다 별과 마주 앉아 소주를 마시겠네
어린 별이 찾아와 인사를 하면
나는 눈웃음으로 받겠네
그러면서 나는
견우직녀의 사랑도 지켜보겠네

내가 만약 은하수에 다리를 놓을 수 있다면
피안을 건너가는 강에도 다리를 놓겠네
먼저 간 사람을 날마다 찾아갈 수 있도록

꽃무릇 피는 사연

내가 가면 너는 떠나고 없고
네가 오면 나는 떠난 후이니
우리는 언제 만날 수 있으랴
오가는 길 위에서
어쩌면 한 번쯤 만날 법도 하다만
세월의 길은
가고 오는 길이 다른가보다

서러워라, 절집 목탁 소리
말 한마디 건네지 못하고
가버린 사랑
가슴만 태우던 사미승이여

슬픔은 한 뿌리에 날 때부터 시작되었느니
한 번도 떠날 수 없는 인연(因緣)
한 번도 만날 수 없는 무연(無緣)
영원한 그리움

마디 없는 외줄기 위에
정염(情炎)의 불꽃 차려놓고
새파랗게 왔다가 간 임의 수의(壽衣)에
꽃수라도 놓아드리려나
핏빛 실 꾸러미 풀어헤쳐 맺어 보는
매듭매듭 슬픈 사랑

쌈밥

앞뒷산 뻐꾹새 울음소리에 애기 젖꼭지만 한 풋감 을어지던* 시절
뒤곁 텃밭에 부릿잎** 아침이슬에 넓어지고 쑥갓잎 애기 손같이 돋았지
정지*** 바닥에 앉아 그 부릿잎에 꽁보리밥 싸먹은 적도 있긴 있었지만
찬물로 빈 배 채우고 된장 찍어먹던 시절
어찌 고등어조림 얹은 이밥쌈 한 줌 생각이나 할 수 있었으랴
공연히 들판에 나가 보릿대궁 꺾어 피―ㄹ닐니리 불면 한하운들이 보리피리 소리 듣고
발가락 없는 발로 지까다비**** 끌고 올 것 같던 초여름 날

그 먼 훗날
부평초같이 먼 항구도시에 흘러와서
성지곡수원지를 돌아도 뻐꾹새 소리 들리지 않고
추억의 보리밭뙈기 하나 없는 여기
돈 많은 자들의 높은 비석만
저수지 물속까지 거꾸로 섰더라

숲길 걸어 나와 쌈밥집에 앉았을 때
상추에 쑥갓 얹어 쌈 싸주던 여인은 어디로 갔는가
그때 먹던 쌈밥 맛이
쌈밥 맛이었는지
여인의 손맛이었는지
여인의 마음 맛이었는지
아무리 생각해도 생각나지 않는 초여름 한나절

---

*을어지다 : '한꺼번에 많이 떨어지다'의 방언.
**부리 : '상추'의 방언.
***정지 : '부엌'의 방언.
****지까다비 : 일본식 작업화. 한하운의 시 「전라도길」 「보리피리」에서 인용.

속 빈 나무

통도사 경내에서
속이 텅 빈,
베어져 누운 은행나무를 본다
하 세월에 나이테를 새기다가
숫자를 더 셀 수 없어
그때부터 하나씩 지워내고
다 지워내고 저렇게 누웠는가
부처님 옆에 섰던 세월로
저렇듯 속이 빈 것인가
그대로가 커다란 목어(木魚)이거니
어느 물고기 등에 났던 것일까
어느 고승의 속도 저러할까
오욕칠정(五慾七情)으로 꽉 찬 내 속
나는 얼마나 더 살아야
저렇게 비워낼 수 있을까

낙동강 일몰

분이 가시내는
한 달에 한 번씩
은밀히 도랑가에 가서 서답 빨래했다
그때마다 도랑물이 발정(發情)했다

해는 하루 한 차례씩 일경(日經)을 한다
해도 은밀히 이 강에서만 피를 내뿜고
그때마다 강물이 발정하고
부끄러워 어둠으로 덮는다

분이 가시내도 이젠 없다
해도 이젠 산 넘어갔다
어둠의 병정들이 강을 점령하자
금정산 위에
8월 기망(旣望) 달이 군기(軍旗)를 단다

강변장진주(江邊將進酒)

소주병 들고 강가에 와 앉았네
얼어붙은 강 보고 한 잔 하랬더니
강은 동면(冬眠)에 들어 묵묵부답
―마시기 싫거든 치았뻐라
나 혼자 한 잔 마시고
버드나무 보고 한 잔 하랬더니
버드나무는 손사래 친다
―마시기 싫거든 치았뻐라
나 혼자 또 한 잔 마시고
갈대 보고 한 잔 하랬더니
갈대는 고개를 설레설레 젓는다
―마시기 싫거든 치았뻐라
나 혼자 또 한 잔 마시고
얼음 위를 걷는 철새 보고 한 잔 하랬더니
철새는 겁이 많아 날아가 버린다
―언놈 잡아묵나
나 혼자 또 한 잔 마시고
지나가는 구름 보고 한 잔 하고 가랬더니

구름은 나를 속물이라고 비웃고 지나간다
—나 그래도 신선 흉내 내잖아
그래서 또 나 혼자 한 잔 마신다
소주 한 병이 다 비워졌다

저쪽 강변에선 강을 파먹는 쇠벌레가 웅웅거리며 꿈틀댄다

안주는 걸쭉해야 제격이지
한 잔 할 때마다 걸쭉한 안주로
씨발놈들!
어, 취해!
씨발놈들!

바람은 길을 탓하지 않는다

태초에 길은 없어도 바람이 불었다
바람이 처음으로 바람길을 내었다

바람의 길은 산일 수도 있고
바다일 수도 있고
강일 수도 있고
가시밭일 수도 있다
그러나 바람은 길을 탓하지 않는다

내 가슴으로 바람길이 난 적이 있었다
내 가슴에 난 바람길은 한때
들어가는 길만 있고 나오는 길이 없어
내가 풍선이 된 적도 있다
나는 풍선이 되어 허공에 둥둥 떠서
세월의 끝을 기웃거리기도 하고
강 건너 마을을 기웃거리기도 했다
흉부외과 의사가 바람길을 열어주었다
그대로 두면 터져버릴 것이기 때문에

바람길이 때로 막히거나 꼬불꼬불한 것은
바람의 질주를 막기 위해서다
그래도 바람은 길을 탓하지 않는다

가을이 오면

등 굽은 여름의 뒷모습이 산자락을 돌아나가고
서늘한 눈매 가진 바람 불어오면
내 그대에게 편지를 쓰리
보고 싶었다든지 그립다든지 하는 말들은
이젠 편지에 어울리지 않으리
보도(步道) 위를 굴러가는 낙엽의 의미와
마지막 빛으로 세상을 붉게 물들이는 석양의 아름다움도
지금은 차마 편지에 쓰지 못하리
그러다 결국 한 자도 쓰지 못한 채
여백만으로 꽉 차서 무거운
빈 종이를 부치게 되리
그래도
남색 치마 연분홍 저고리가
수없이 낙인으로 찍혀
편지지에는 말 이전에 말이 담기리
가을이 오면 애인아
우리 빈 종이라도 서로 날리며
울음을 참자

제2부

생가(生家)

내가 태어난 그 땅에 가면
내가 밟고 다니던 흙들이 일제히 꿈틀거리는데
버티고 선 시멘트 벽돌집은 나를 외면한다
나는 거기 갈 때마다
시멘트 벽돌집을 허물고
그 자리에
우리 할매처럼 쪼그라들 대로 쪼그라든
초가집을 세운다
뒤란에 초가집보다 더 큰 복숭아나무도
금방 세워놓고 돌아서면
아버지가 접붙인 감나무가 키가 클 대로 커서
나를 알아보고 눈물 흘린다

나의 생지(生地)는 있어도 생가는 없다
생가는 내 가슴속에 있다

애기똥풀

울 오매 밭일 나가면
칭얼대는 내 동생 업고
앞 도랑에서 물장난하며 놀았지
그 동생이 내 등에 질겨대던 노란 똥들이
세월 먹어
저리도 고운 노란 꽃으로 피어
흰머리로 고향 찾은 나를 반긴다
고 녀석 노란 똥은 여기 있는데
요새 내 오줌줄기처럼
시도 때도 없이 찔끔거려
내 등을 뜻뜻하게 하던
고 녀석 오줌은 어디로 흘러갔는가
어느 냇가에서 오줌풀로 섰는가
어른이 된 내 동생들이 내 등에
문신으로 새긴 똥 오줌
칠남매 맏이의 등이 축축해 온다

소쩍새

고향 마당에 모깃불 피어오를 때
멍석 깔고 누워
할머니 무릎 베고 별 세던 밤
뒷산에서 밤새도록 울어대던 소쩍새,
시어머니 등쌀에
솥 적어 굶어죽은 며느리가
솥적다 솥적다 운다던 할머니
한평생 손주 밥 배불리 못 먹일까
걱정이시던 할머니가
오늘은 멀리 이 도시 변두리까지 찾아와서
손주 밥 굶을까 걱정되어
솥적다 솥적다 우시네

아버지의 못

해마다 가뭄 타는 천수답 다랑지논
그 맨 윗배미를 아버지는 파고 또 팠다
나는 보고만 있었다
그래도 아버지는 아무 말씀 없으셨다

아버지 가슴이 얼마나 깊었는지
나는 아무리 들여다봐도 보이지 않았다
그래도 아버지는 맨날 가슴을 팠다
나는 보고만 있었다
그래도 아버지는 가슴을 열어 보이지 않으셨다

그 못의 못물로 다랑지논에 벼가 익어갔다
그 다랑지논에서 난 몇 됫박 쌀로 칠남매가 자랐다

지금은 남의 땅이 된 아버지 못도 없어지고
다랑지 논배미엔 풀과 나무만 우거졌다
가끔 나는 거기 고목으로 서서
나도 그 옛날 아버지처럼 가슴을 판다

내 아이들은 그때 나처럼 보고만 있다
그래도 나는 아이들에게 가슴을 열어 보이지 않는다

아버지보다 나이가 많은 지금도
아버지 못의 깊이를 난 모르고
내 가슴이 점점 깊어만 간다

할머니의 못

다랑지 논배미 거느린 못 하나
옛날 우리 집 암소 눈깔처럼 멀거니
산자락 담고 앉아 있었지
못물 속에 구름 잡으러 뛰어들었을까
내가 태어난 다음날
우리 할매 거기 뛰어들었지
그때 할매 넋두리는
못가 나뭇가지에 살던 새들의 경전이 되었다는데
왜 나는 한 마디도 알아듣지 못할까
할매 삼켰던 못물은 그해
가뭄에 타들어 가던 나락농사를 풍성히 지어냈다는데
왜 아직도 못물은 못에 가득 남아
또 누구를 기다리는가
세월 가도 해독 못한 새들의 경전
나는 언제 번역할 수 있을까
할매 곁에나 가야 알아들을 수 있을까
못가에 앉아 얼굴도 모르는 할매 생각하던 날
새들의 독경 소리 시끄럽다

상엿집

　상엿집에 보관한 상여에는 수많은 귀신이 붙어 있어 밤이면 그 집에서 파란 귀신불 흘러나오고 귀신의 울음소리 들릴 것 같아 감히 그 옆으로 갈 수 없어 멀찍이 돌아다녔다 그 근처에만 가도 머리털이 서고 발은 공중에서 허우적대는 것 같았다 쇠꼴을 베러 가도 상엿집 옆에 부드러운 풀이 수북했지만 거기는 가지 못했다

　그 속에는 우리 할배 할매 귀신도 들어 있을 것 같아 한 번쯤 들여다보고 싶기도 했는데 끝내 귀신이 무서워 들여다보지 못했다 가끔 낮 시간에는 근처에 가서 돌을 들고 상엿집 구멍을 향해 던져 보기도 하고 멀찍이서 '귀신아 나와 봐라' 소리쳐 보기도 했지만 도망갈 준비를 하고서였다

　다행히 요즘은 상여가 없어져 귀신 붙은 상여에 내가 타지 않아도 되겠다는 생각을 한다 그 대신 현대 귀신이 붙은 자동차가 나를 태워 갈 것을 생각하니 그것도 영 찜찜한 노릇이다 내가 귀신이 될 것은 생각 못하고

제웅

　대여섯 살 적 정월 대보름날 저녁, 아버지는 곡괭이를 들고 나를 데리고 잔설 묻은 산자락에 가서 자리를 펴고 흰 보자기에서 제웅 하나를 꺼내 앞에 놓고 달에겐지 제웅에겐지 절을 시켰다 왜 그러는 줄도 모르고 나는 시키는 대로 절을 했다 아버지도 달을 향해 오랫동안 합장하고 고개를 숙이셨다 그때 아버지 눈에 눈물이 맺혔던가 어쨌던가는 생각나지 않지만 찬바람은 쌩쌩 불어 옆에 선 참나무가 쇳소리를 내며 울고 골짜기에서는 짐승의 울음소리 같은 것도 들리는 것 같기도 했다 나는 소맷자락으로 옷섶으로 찬바람 사정없이 파고들어 초가집 온돌방으로 빨리 가고 싶었는데 아버지는 언 땅을 억지로 파고 가져간 제웅을 묻었다

　그때 아버지보다 훨씬 나이 많이 먹어 생각하니 그해 토정비결 내 운수가 죽을 운수였던 것 같았다 아버지는 나를 대신할 제웅을 만들어 달과 천지신명께 빌고 나 대신 제웅을 흙속에 파묻은 것이었으리

　내 운수를 대신할 제웅을 만들 때 아버지는 나를 만든다고 생

각했을까
　나 대신 제웅을 땅속에 묻을 때 아버지는 나를 묻는다고 생각했을까
　젊은 아버지 가슴은 어떠했을까

　나와 제웅의 운명이 바뀌었으니 그때 땅속에 묻힌 것이 나이고 지금 살아 있는 나는 그때의 제웅인지도 모를 일

　아버지 저세상 가셔서 그때 땅에 묻은 나를 만났을까
　덕분에 제웅인 나는 아버지보다 몇십 년을 더 오래 살고 있고
　그때 우리 부자를 내려다보고 있던,
　아버지 소원을 들어주신 달님은
　아직도 저렇게 젊어 있다

노고(老孤)

내 고향 국골마을 뒷재 느티나무는
산등성이를 꽉 잡고
반석 위에서 천년 동안 마을을 지켰다
다른 나무들은 근처에 오지 못해
어느 것도 느티에게 손을 내밀지 않았다
어느 때부터 느티는 외로워 날마다 울었다
바람 부는 날에도
눈비 오는 날에도
고독을 먹고 살았다
그늘에 쉬던 농부들이
세월 따라 다 가버린 뒤
마을 사람들은 방안에 들여놓은
괴물 앞에 앉아 있고
여기 올라오지 않았다
나이를 세다가 지쳐
차라리 속을 비운 느티
어느 날 말벌들이 와서
속 빈 둥치에 들어 아파트를 지었다

마을 사람들이 짚단에 횃불을 붙이고 올라와
말벌들의 아파트를 태우자
천년 묵은 느티의 내장에 불이 붙어
임종하는 자식 없이 외로이 죽어 갔다
내가 찾아 갔을 때
바위 위에 뒹굴던 느티의 묵은 뼈가
옛날처럼 반석 위에 일어서려 했으나 허사였다
느티의 뼈가 나를 보고 서럽게 울었다
느티의 뼈를 잡자 뼈가 부스러졌다
느티 닮은 나도 울었다

숙모님 방

숙모님 방 벽엔 숙모님 인생이 걸려 있다
아들 딸 손자 손녀가 날마다 웃고 있다
돌아가신 숙부님도 중절모 쓴 채 근엄하게 앉아 계신다

맏아들이 영안실에 누워 있던 날
저승 나비가 얼굴을 덮고 있어
마지막 가는 아들도 못 보았다는 숙모님

고추밭고랑 같은 이마의 주름살
움푹한 두 눈망울
숙모님 방은 흡사 숙모님 얼굴을 확대해놓은 것 같다

그 많은 사진 벽에 주렁주렁 걸어놓았는데
죽은 세 자식 사진은 가슴에 걸어놓았다고
벽에는 걸지 않았다

연리목

겨울 산에 갔더니
잡목 한 그루가 나를 향해 걸어왔지요
나와 나무가 서로 안았지요
겨울나무의 차가운 체온과
나의 따스한 체온이
중화되어 갔지요
나는 나무의 가슴속으로 파고들고
나무는 나의 갈비뼈 사이로 파고들었지요
드디어 우리는
살이 붙어 연리목이 되었지요
봄바람을 불렀지요
나무의 가지에도
나의 가지에도
파란 잎이 돋아나고 꽃이 피더이다

지금은 연리목도 고사되어 가는 중

귀향사계(歸鄕四季)

봄에 고향에 갔었지요
뒷집에 살던 아주머니는 아들 따라 서울 갔다가
다시 산으로 가고
폐가가 된 초가집 처마 밑에
들고양이 봄 햇살을 모으고 있었습니다
앞산 밭에 흐드러지던 복숭아꽃은 없었습니다

여름에 고향을 갔었지요
6·25 때 피란에서 돌아와
비피란자(非避亂者)들 모아놓고
자전거 튜브로 옷 벗긴 등을 매일 밤 후려치던 청년은
말년에 중풍으로 누웠다가 산으로 자리를 옮겨 눕고
내 어릴 때 멱 감던 앞강에는
멱 감는 아이들은 보이지 않았습니다

가을에 고향에 갔었지요
백수(百壽)하시겠다던 종고모도 산으로 가시고
누런 들판은 옛 모습인데

그 들판에 나락 베던 농부들 보이지 않고
콤바인 자동차가 논 가운데 굴러다니고 있었습니다

겨울에 고향에 갔었지요
졸수(卒壽)의 숙모님은 뼉데기 같은 손으로 내 손 잡으며
곧 산으로 갈 것이라 했습니다
마을 뒷동산 천년 묵은 속 빈 느티나무는 흔적도 없어지고
그 나무 밑의 반석은 잡초로 덮여 있었습니다
바위에도 세월 가면 풀이 난다는 것을 처음 알았습니다

한 사람씩 차례로 산으로 가는 뜻은
거기가 고향이기 때문이라네요

내 고향 현산리

삼봉산 범더미산 좌청룡 우백호로 두르고
마을 앞에는 위천 강물 흘려보내고 있다
그 이름도 아름다운 마을들
절텃골, 웃말, 국골, 도화동, 하동, 도일국, 샛터, 대제비, 솔뱅이
모두 합하여 선골이라
골마다 뜸뜸이 오순도순 삶을 차린
경상북도 의성군 비안면 현산리
현산천을 젖줄로 현산들 펼쳐놓고 산다
흙 한 줌
바위 한 덩어리
나무 한 그루
어느 것 하나 추억이 묻어 있지 않은 것 있으랴
멀리 떠나 있는 사람들도 모두
가슴에 현산골짜기를 안고 살다가
눈감으면 어머니 자장가 들으며 찾아드는 곳
아,
천년이 가도 만년이 가도

변하지 않는 물소리 바람소리
아직도 들려오는 아버지의 노랫가락
어머니의 자장가
나는 현산 하늘과 현산 땅이 낳은 자식
이 골짜기 흙으로 빚어진 내 육신
이 몸 사라지는 날에도 영원히
현산 촌놈으로 살아갈 영혼
나는 지금도 그 골짜기 어디서
소꿉놀이하며 놀고 있고
어린 동무들의 창가 소리
어머니 날 부르는 소리
세월도 멈출 줄 모르는
그 메아리 아직도 귀에 은은하다

징검다리

내 세월은 간격 넓은 징검다리
폭 좁은 발걸음으로 조작조작 건너고 싶었지만
어쩔 수 없이 성큼성큼 건너오고 말았지
그래서 내 다리는 길어지고
가슴에도 징검다리 하나 생기고

내 가슴에 징검다리는
짧은 간격으로 돌을 놓아
당신이 밟고 갈 때
천천히
아주 천천히
쉬어가도록 하리다
그 돌 밟고 설 때
돌 사이에 흐르는 물은
나의 눈물
그때 돌이 흔들리면
내 가슴이 떨고 있는 게지요

제비꽃

 내 이웃에 살던 또순이란 지집애는 얼핏하면 제비꽃을 따서 머리에 꽂고 다녔는데

 나와 함께 쇠꼴 베러 다니다가 한여름 낮이 더워 조그만 산골짜기 못에 둘이 홀라당 벗고 알몸으로 서로 껴안고 멱을 감았던 것인데

 거의 잊고 살면서도 가끔 그 생각이 때로 불쑥불쑥 찾아오곤 했는데

 그때마다 나는 얼굴이 붉어졌는데

 고향에 갔다가 그 조카를 만나 아무도 모르는 사실인데도 공연히 내 속을 보이는 것 같아 그 집안 형제들 안부를 묻고 마지막으로 또순이는 어떻게 사느냐고 물었더니 이미 죽었다는 것이었다

 고향 마을을 나오다가 동구 밖에서 자줏빛 제비꽃이 길가에 피어 있어 카메라를 대고 접사하는데 문득 제비꽃은 또순이 지집애 머리에 꽂혀 있는 것이었다

진동(振動)

나는 가끔 몸 구석구석에 진동을 느낀다

머리에 진동이 오는 것은 나이가 보내는 것
기억력이 쇠퇴하면서
추억마저 도둑맞으려고 할 때 보내는 경고

어깨에 진동이 오는 것은 돌아가신 아버지가 보내는 것
어머니를 남겨두고 가신 아버지가
어머니와 자식들 잘 건사하라는 신호

허리에 진동이 오는 것은 세월이 보내는 것
속 빈 뼈들과 닳아진 척추 연골에 대해
세월이 보내는 경고

무릎에 진동이 오는 것은 산이 보내는 것
내가 가는 산길마다 지켜본 산자락이
닳아 없어진 무릎 연골이 다해감을 알리는 경고

가슴에 진동이 오는 것은
그것은
그대 가슴이 보내는 것이리
숱한 세월을 그리움으로 채우고 살다가
이젠 가슴마저 비어감을 경계하는 신호

아, 이젠 무엇으로도 원상복구가 안 되는 진동의 의미

아침 강변에 서서

안개가 강물에 머리 감고 있는 아침
아무도 없는 아침 강변에 서서
소리 질러 불러보고 싶은 이름
춘우야~
석만아~
대답이 없다
짜식들 뒈졌나, 대답이 없어!

그렇다, 갔구나
그들은 초등학교를 같이 다니던
코흘리개 불알친구
소리 질러 불러본 이름은
아침안개가 다 받아 삼키고
강 건너편에는 들리지 않는가보다
울컥!
가슴이 멘다
피안에서는 그렇게 대답해 오는구나

모교

백발들이 하나 둘 모여들어
모교를 간답시고 나섰다
녹슨 교문은 철삿줄로 걸어 매여 있어
모처럼 찾아간 모교
교문으로 들어가지 못하고
울타리 타넘어 들어갔다
지나간 세월을 찾는 일은
막아놓은 울타리를 타넘어 들어야 하는가
운동장은 수북한 마른 풀로 덮여 있고
공부하던 교실은 텅 빈 헛간
세월이 바람처럼 지나간 폐교에
화석처럼 눌어붙은 추억
낡은 꿈을 쓸어 모은다
세월의 흔적은 학교나 사람이나 마찬가지
돌아 나오는 길 뒤에서
그 옛날 내가 부른 교가가 들려왔다
나의 뒤꼭지가 쿵쿵거린다

침묵

비닐 마스크 줄 달아 쓰고 있는 친구여
그대 언어를 잊어버렸는가
그대 거머쥐고 있는 끈들은
아직도 시퍼렇게 살아 꿈틀대고
그대 좋아하던 술은
아직도 무진장으로 남아 있는데
어쩌자고 마스크를 열지 않는가
나도 그새 많은 단어 잊어버려
그대에게 줄 말 한마디 생각나지 않는구려
식어가는 우리들의 심장 속에
어느 세월이 들어가 불을 지피겠는가
허공에 매달린 지나간 삶들은
찬 겨울에 나부끼는 눈처럼
눈앞에 어른거리며 떨어져
바람 같은 세월에 스러져 가리니
가게나, 잡은 끈 놓고
가서 자리 하나 차지하고 내 자리도 맡아놓게나

제3부

꽃을 기다리며

　수술실에 들어가는 아내가 손으로 하트 모양을 지어 보인다 언제 저런 걸 배웠담 하트가 붉은 심장이 되었다 그리곤 눈감고 깊은 잠에 빠진다 전광빛을 발하는 날카로운 칼날이 공간을 유령처럼 떠다니더니 아내의 목줄기를 그어댄다 순간 가느다란 핏빛 비명소리가 짧게 들린다 내 아들과 딸들이 옆에 섰다 아버지 어머니 장인 장모도 옆에 와 계신다 검은 피가 강물처럼 흐르는데 검은 가운을 입고 검은 마스크를 한 의사는 옆에서 구경만 하고 있다 그것은 분명 저승에서 온 검은 사자일 것이다 내 저놈을 잡아 저놈의 몸에서 흐르는 검은 피를 보리라
　아내가 누운 수술대 옆에 꽃 한 송이가 핀다 붉은 꽃이다 꽃잎은 한 잎 또 한 잎 아주 천천히 피고 있다 드디어 선홍색 꽃술도 보인다 아내가 비로소 신음소리를 내고 기지개를 컨다 의사는 흰 가운에 흰 마스크를 하고 있다 붉은 피 묻은 칼날이 의사의 손에서 떨어져 눕는다
　아내가 날 보고 웃는다 붉은 꽃 한 송이 입에 물고 나온다
　여섯 시간이 걸렸다

빈 구멍

덕천 전철역에 서서
전동차가 드나드는 맞은편에 걸려 있는 커다란 치과 광고를 본다
침팬지가 큰 입을 잔뜩 벌리고 누런 이빨을 드러내고 있는데
어금니 하나가 빠져 검은 공간이 터널처럼 공허했다
나는 피식 웃었다
내가 입을 벌리고 이빨을 드러내고 있다면 꼭 저와 같으리니

터널 같은 빈 구멍이 어찌 빠진 이빨 구멍뿐이랴
일찍이 허파를 열어 바람을 빼낸 자리
언제부턴가 한 모서리가 빈 가슴팍
해골이 수축되어 한쪽이 빈 머리통
하루해가 지겨운 나의 빈 시간
마디마디 주춤거린 나의 지난 생

큰 이빨 빠졌으니 헛소리가 나오고
허파에 바람 빼냈으니 헛기침 자주 하고
가슴도 터널 같은 공간이 있으니 맨날 어리둥절하고

해골이 비었으니 헛생각하고
시간이 비었으니 쓸데없이 헛걸음 치고
삶에도 빈 데가 많으니
인생도 헛 살아온 게 아닌가

아,
인제 빈 구멍 좀 채우고 살았으면 좋겠다

기흉(氣胸)

내 허파에 바람 든 것은 너를 그리워했기 때문인데
상체와 얼굴이 바람 들어 미륵보살이 되어 가던 날
애꿎게도 의사는 옆 가슴에 구멍을 뚫었지
가슴에 구멍을 내어 허파에 바람 빼낸다고
비닐 파이프 하나 집어넣었지
그래도 바람이 다 빠지지 않자
가슴을 열고 바람 든 허파를 잘라내었지
그러고도 너를 그리워하는 걸 보면
그리움은 허파에 들어 있지 않은가봐
가슴 열던 날
삶으로 다시 깨어나
통증으로 소리치던 때도
네가 옆에 있었으면 하고
더 간절히 그리워했었지

굳은살

  몇십 년 묵은 굳은살이 엄지발가락 옆에 차돌처럼 붙어서 날카로운 칼로 베어내거나 손톱깎이로 끊어내면 얼마 뒤 또다시 생겨나곤 한다 베어내고 끊어내도 아프지도 않은데 또 일정한 크기로 커진다 아프지 않으니 죽은 살임에 틀림없으나 또 커지는 것은 살아 있다는 증거이니 굳은살은 죽어서도 사는 것인가 성한 살이 세월 먹어 자꾸만 커지는 굳은살, 이러다간 내 몸 전체가 굳은살이 되리

  마음에도 굳은살이 있다
  언제부터인가 마음 한쪽에 자리하고 있으면서
  뜯어내어도 또 얼마 뒤면 자리한 이 마음의 굳은살
  내 몸 썩거나 불타 없어지는 날
  몸의 굳은살은 썩거나 타서 없어질 것이나
  마음의 굳은살도 썩거나 타서 없어질는지

곰 인형

쓰레기통 옆에 곰 한 마리 점잖게 앉아 있다
두 다리 편안한 자세로, 그러나
슬픔에 잠긴 듯한 눈매
약간 일그러진 입술
메마른 울음을 울고 있다
뭉실뭉실한 털이 여름 땡볕을 녹이고 있다
곰 인형과 놀던 아이가 다 자라
곰 인형은 쓰레기통으로 걸어 들어간다

나무 밑에서 노인 몇 분이 젖은 인생을 말리고 있다
퀭한 눈은 건조한 바람에도 젖어 있고
얼굴엔 저승꽃이 서럽다
저만치 쓰레기통 옆에 앉은 곰이
동병상련으로 노인들을 바라본다

구포다리

　초라한 몰골로 두어 칸이 떨어진 채 낮은 키로 선 옛날 구포다리, 저 다리 위로 부산을 드나들던 영욕의 사람들은 얼마나 남아 있을까 저 다리를 뛰어내린 영혼들은 지금 어디에 흘러가 있을까

　저 다리 위에서 나를 불러내던 여학생도 지금은 어디서 어떻게 늙어가고 있을까 그때 불려 나간 나 또한 한쪽 가슴을 열어 허파를 반쯤 도려낸 채, 반 숨 쉬어 가늘어진 인생인데,

　남은 다리[橋]의 다리[脚]가 그래도 다리[橋]를 받치고 힘겹게 섰느니, 세월의 무게에 힘겨운 다리[橋]의 다리[脚]여, 애처로운 몰골로 섰느니 차라리 다리[橋] 놓아버리고 도도한 강물 따라 흘러감이 어떨는지

　낙동강 홍수 보러 구포 옛 다리 닮은 늙은 다리[脚]들이 공짜 지하철 타고 힘겨운 걸음으로 여기 모여들어 자화상을 보면서도 자기를 닮았다는 생각을 하지 못한다

　낙동강 홍수주의보에 힘겨운 구포 옛 다리나 그 다리 건너다니던 구경 나온 옛 다리들이 함께 서럽다

땅속의 노인들

한 노인이 지하철역에서 내리려고 문 앞에서 문이 열리기를 기다리고 섰는데
친구를 발견한 한 노인이 다가가 앞에 선 노인을 사정없이 엉덩이를 걷어찼다
채인 노인도 찬 노인도 서로 보고 허허 웃었다
지하철에서 내려 걸어가며 하는 두 노인의 대화
또 다른 한 노인이 엿들으며 따라간다
―나 서울 갔다가 엊저녁에 왔다
―서울은 좆 빨라꼬 갔드나
그래도 두 노인은 뭐가 좋은지 허허허 웃기만 한다
―청와대 갔더니 니 죽지 말고 청와대 한번 댕기가라 카드라
―그랄 끼다 나 바빠서 못 간다 카제 와
또 같이 웃는다
잠시 뒤
―아무개가 죽었다 카드라
―그눔아 까불이싸트니 갔구나
―숨 닫고는 까불지도 않드라 카데
―뻗었뻔데 우째 까불이노

―허허허
―허허허
―죽으면 말짱 헛낀기라
―알고 보니 참 많이 죽었드라
―세월 이기는 장사 어딨노
계단을 올라서는 노인들의 숨소리가 봄비에 젖었다
달리는 자동차 소리가 노인들의 대화를 삼켜버린다

뒤꼭지

텅 빈 뒤꼭지를 따라가며 웃었다
남의 뒤꼭지는 수없이 봐 왔어도
내 뒤꼭지는 한 번도 본 적이 없다
거울에 비춰 봐도 내 뒤꼭지는 보이지 않았다
그날 집에 돌아와서
거울 앞에 서서 또 하나의 거울을 들고
내 뒤꼭지를 비춰 보니
아까 본 텅 빈 뒤꼭지가 거울 속에 있었다
남의 뒤꼭지를 보고 웃은 것을 웃었다
제법 잘난 줄 알면서 살고 있는 나의 모습도
제법 괜찮다고 생각한 나의 성질까지도
거울 속에 비친 앞면만 보듯
앞면에 가리워진
뒷모습 속 모습은 볼 수 없었는데
남을 통하여 나를 본다

건망증

가스 불에 국솥을 얹어놓았다가 음식물 타는 냄새를 집 안 가득 채우기도 하고 심지어는 물을 올려놓고 외출하여 한 시간쯤 뒤에 생각나기도 한다
잊어버려야 할 일들이 하도 많아 키워 온 건망증이 날 이렇게 배신한다
이젠 건망증을 건망할 차례인데
이놈을 떨치려고 하지만
지금은 키우지 않아도 나에게 붙어 끈질기게 자생한다
아니지, 전생의 일을 하나도 기억 못하는 걸 봐서
내가 태어날 때 운명적으로 건망증을 가지고 태어난 것일지도 모른다
일찍이 한 번도 깃발 흔들어본 기억이 없지만
이렇게 건망증이 심한 걸 감안하면
아마도 나는 전생이나 옛날에는 부자였을지도 모르고
꽤나 잘 나가는 사람이었을지도 모른다는 생각
그러나 잊어야 할 내 인생의 남루와 사랑과 그리움은 잊히지 않으니
건망(健忘)과 미망(未忘)이 내 안에서 적당히 타협하는가보다

이빨 갈기

전생에 무슨 원한이 사무쳤는지
언제부턴가 밤마다 이빨을 갈기 시작했다
처음은 내가 이빨 가는 줄 몰랐는데
이젠 이빨 갈면서 이빨 가는 소리를 내 귀로 듣는다
그러나 이건 전적으로 내 의지와는 상관없는 습관성이다
말하자면 소의 반추 같은 것이고
어머니의 깊은 숨소리 같은 것이다

이빨을 갈면서 무엇인가 씹으며 맛을 본다
사랑을 씹기도 하고 그리움을 씹기도 하고 고독을 씹기도 한다
사랑을 씹을 때는 괴로움의 소리를 듣고 맛보고
그리움을 씹을 때는 아득한 소리를 듣고 맛보는데
고독을 씹을 때는 아무 소리도 맛도 없다

또 다른 무엇이 이빨 가는 사이에서 날마다 씹힌다
이것도 내 의지와는 상관없는 습관성이다
세월의 이빨 사이에서 씹히기도 하고
삶의 이빨 사이에서 씹히기도 하여

나는 이제 가루가 되어 간다
세월과 삶이 나를 씹는 맛은 어떤 맛일까
누가 나를 씹어 보라
달콤한 맛은 없어도 씀바귀 같은 맛은 있을는지
삶이 본래 그런 맛 아니더냐

백내장

세상이 하 어수선하여 보기 싫어했더니
어느새 온통 희부연 안개로 가렸네
그 이후로 나는
산이나 들을 봐도 희부옇고
하늘이나 바다를 봐도 희부옇네
그대 있는 곳은 더욱 멀어
아득하기만 한데
알고 보니
안개는 내 눈 안에 화석 되어 붙어 있었네
이제 나는 안과병원에 가야 하네
눈 속에 갇힌 화석 된 안개 걷어내면
필시 온 세상이 분명하게 보이고
멀리 있는 그대
내 눈 앞에서
투명한 모습으로 나타날지니

허공

　나는 밤이면 가끔 허공을 걷거나 날아다닌다 내가 허공을 걷거나 날아다닐 때는 항상 뒤에 무서운 것이 나타나 나를 위협하며 따른다 총을 든 병정이 따르거나 나의 돈을 노린 칼 든 강도가 따르거나 무서운 짐승이 나를 따라온다 내가 위기라고 느껴질 때는 절벽을 뛰어내린다 그러면 나는 비명을 지르고 말짱하게 눈을 뜬다 꿈도 경험이어서 위기에 몰리면 나는 심한 충격으로 살아날 수 있음을 이제는 꿈속에서도 안다

　허공은 인간의 희망이다
　허공은 인간의 절망이다
　얼마나 많은 허공을 헤매었던가
　허공에 얼마나 많은 집을 짓고 부쉈던가
　그때마다 뒤따르는 위기가 있음을 몰랐다
　그때마다 허공을 뛰어내린 충격으로 살아남았다

멀고 먼 길

 정화양로원 앞 옹벽을 짚고 늙은 게가 길을 더듬는다 옹벽이 한 손을 버티고 한 지팡이와 두 발은 땅이 받치고 지팡이가 먼저 옆으로 가고 뒤따라 오른발이 발바닥 너비만큼 딸려가고 다시 왼발이 따라가곤 한다 힘차게 앞으로 걸어가던 발, 오늘은 옹벽을 받치고 지구 무게를 재며 옆으로만 가고 있다 힘들게 떼는 발자국마다 세월의 무게도 실리고 지팡이마저 떼어놓기 힘든 노인의 게걸음은 언제 저 끝까지 갈는지 도무지 지켜볼 수가 없다
 넓은 플라타너스 낙엽들이 발등을 툭툭 치며 앞질러 지나가고 바람이 또 몇 배 빠르게 지나가고, 세월은 또 몇 배나 더 빠르게 지나갔을까 이십여 미터 옹벽 끝까지 게걸음이 간다, 그 멀고 먼 길

복 받으실 것입니다

    초등학교 동기회에 가기 위해 구포역 앞에 서서 기차 타기 전에 담배 하나 피우려고 하는데 한 노숙자가 다가와서 담배 하나 얻자고 했다 담배 한 개비 빼어주니 그 노숙자는 머리를 조아리며 '복 받으실 것입니다' 했다 또 불 좀 달라기에 라이터를 켜서 불까지 붙여 주었더니 그는 또 머리를 조아리며 '복 많이 받으실 것입니다' 했다 담배 한 개비에 이미 나는 복을 받은 것인데
    모임에 가서 술판이 벌어졌는데 자꾸 술잔은 돌아오고 드디어는 춤판 노래판이 벌어졌는데 쭈구렁 할망구들이 와서 손잡고 춤추자는 것이었다
    할 수 없이 술 마시고 또 열나게 흔들어댔다
    나는 오늘 담배 한 개비 덕분에
    술복 터지고 여복(女福)도 터졌네
    노숙자는 예언자였다

티눈

아내의 발바닥에 티눈이 나서
병원 가서 도려냈단다
몇 년 전에도 도려냈는데
그사이 또 커져 있어
걸으면 발을 쿡쿡 찔러 아프게 했단다
목욕탕에 가서도 수시로 파내었지만
파내고 베어낸 만큼 또 자란단다
아무 신경도 없는 발바닥의 티눈은
죽은 것이 자란다

우리의 마음 가운데도 티눈이 죽어서 산다
떠나보낸 사람에 대한 아련한 그리움도
아픈 추억도
내가 준 상처도
내가 받은 상처도
잠재해 있으면서 자란다
사람은 누구나 티눈 몇 개쯤 품고 산다
잊었는가 했는데 어느 날 문득

솟아올라 쿡 찌르는
가슴속에 죽어서 사는 티눈

슬픈 축제장

사람들이 꽃 들고 꾸역꾸역 찾아든다
고관대작들도 양복 입고 찾아와 고개 숙이고
기자들은 신이 나서 여기저기 기웃거리는 곳
도사(道師)도 찾아와 천당행 극락행을 약속한다

눈물이 눈물을 낳고
눈물이 모여 출렁이는 눈물바다
한숨과 한숨이 모여 바람 일고
날마다 뉴스에 사진이 나오는 곳
노란 리본 신이 나서 바람에 나부낀다

바닷속에서 물 마시고 간 사람들
한배를 탔던 인연으로 다시 한곳에 모였다
꽃 장식 가운데 죽어서 산 사람들이 점잖게 앉아 있는 곳
죽음이 화사하여 기려진다

사람은 울고 귀신은 웃고
허기진 자들이 살판났지만

머잖아 이곳도 차츰 잊혀져가리

여왕님도 오시는 거룩한 축제장
무너진 바다에 희생된 사람들
촛불은 많아도 세월 속에 가물가물

빈 화병

내 이름 써서 불에 구운
백자 화병 하나 있지
내 이름이
이글거리는 불에 익어갈 때
흙으로 빚은 백자도 화병이 되었네
그 화병이 내 거실 장식장에 앉았을 때
그 화병에 꽃이 찾아 왔었네

꽃이 화병을 버리고 떠나간 후
화병은 빈병이 되었네
내 이름이 빈병을 붙잡고 울고 있네

언제 다시 오려나
그 꽃

역방향

KTX 역방향 좌석에 앉아
나는 서울까지 뒤로 달렸네
서울역에 내리니 머리가 흔들리고
모든 것이 뒤로 가는 것만 같았네

사람이 앞으로만 걷도록 생긴 것은
걸어온 길을 보지 못하게 함일러니
걸어온 길을 보면서 뒷걸음질 치는 것은
얼마나 위태로운가
앞만 보고 걸으라고
눈도 앞에만 달려 있고
발도 앞으로 나와 있지 않느냐

세월이 만약 뒷걸음친다면
세상 만물이 뒤죽박죽 될 것이라서
세월도 앞만 보고 달리지

담배연기 때문에

강바닥에 함께 몸 비비며 굴러가던 돌은
헤어진 후 다시 만나는 데 얼마나 걸릴까
어쩌면 모래가 되어
바다 밑에서나 다시 만날 수 있을까

아침마다 꽃을 안겨주던
갈래머리 소녀가 나를 만나자고
세월의 무게를 지고 서울서 왔다
징검다리도 없어 잊고 살던 세월이
문득 눈앞에 철길처럼 걸린다

지나간 세월에 몇 개의 징검다리를 놓으며
몇 시간의 만남 뒤
보내고 돌아서 담배 하나 빼무니
울컥하는 가슴

헤어졌다 만나는 데 사십 년이 걸렸는데
지금 헤어지면 얼마의 세월이 흘러야

다시 만날 수 있을까
한 줌 흙으로 돌아가 만난들
알아볼 수나 있을까

환갑 소녀야,

눈시울이 시큼한 것은 담배연기 때문이지

숨 쉬는 장승

숨 쉬는 장승 다섯이 한 방에 누웠다
깡마른 몸으로 천정만 보고 누웠거나 눈을 감고 누웠다
살았는지 죽었는지 자신들도 모른다
깡마른 팔뚝에 줄 달린 바늘 꽂혀 있는 것이
그들이 살았다는 증거가 된다
그들은 장승으로 태어나지는 않았다
언제부턴가 그들은 장승의 운명을 배우고 있다
그 병원 207호실엔 숨 쉬는 누운 장승이 다섯이 있다
천하대장군은 어디 가고 지하여장군만 누워 있다
그들은 인간의 언어를 잊어버리고
고독도 슬픔도 잊어버리고
세월에 지쳐 쓰러진 장승으로 누워
평균 연령을 높이는 데 일조하고 있다
나는 저렇게 장승으로 눕고 싶지 않지만
어느 날 나도 숨 쉬는 장승으로 누울지도 모른다
아니 나는 지금도 걸어 다니는 장승이다
내 심장이 지금 전율한다
장승이 되지 않으려고

제4부

세진교(洗塵橋)

내원사 들어가는 골짜기에 세진교 있다
덕지덕지 묻은 세진(世塵)을
여기 지나면 씻어진다는 것인지
씻고 들어오라는 것인지
세진교 건너기 전 한참을 생각했다
아무리 생각해도
그 오랜 세월 동안 덮어쓴 세진(世塵) 씻을 길 없어
행여 다리를 건너면
세진(世塵)을 세진(細塵)도 남기지 않고 씻어줄 것이라 믿으며
부처님 앞에 섰다
부처님은 한결같이 표정이 없어
내가 앞에 서도 아무 말이 없다
그래도 부처님은 말없이
내 마음속 먼지라도 씻어줄 것이라 생각하는 순간
그 마음이 이미 세진(世塵)인 것을 깨닫고
부처님 앞에서 뒷걸음치며 물러났다
가을 천성산이 붉은 얼굴로 나를 내려다본다

소록도

인간사 서러운 눈물이
어린 사슴을 섬으로 만들고
거기 애한(哀恨)의 박테리아를 심어
사육하는 농장을 만들었다

지까다비가 파먹은 발가락 감춘 시인은
푸른 풀밭에 누워 보리피리 불고 있고*
수양매(垂楊梅)는 이 이른 봄에
눈물 같은 영롱한 꽃 피워 늘어졌다

감금실은 텅 비어 있어도
영혼의 아우성으로 꽉 차고
코가 뭉개져 얼굴이 일그러지고
손발이 뭉툭한 사람들은
소록대교엔 인도가 없어요, 한다

소록도에 상여가 떴다
따르는 사람들이 슬퍼하지도 않고 울지도 않는단다

이유를 물으니
'문둥이가 비로소 사람 되는데 울긴 왜 울어요'
문둥이가 죽어서 사람 되는 곳
바다풀이 파랗게 출렁이는 물에
어린 사슴만이 발 담그고 울고 있는
아름다운 슬픔의 섬
소록도

---

*지까다비, 보리피리 : 한하운 시에서 인용. 소록도 중앙공원에 한하운의 시비가 누워 있다.

백양사의 가을

봄에는 고불(古佛)*이
붉으스레 울다가
붉으스레 웃다가
붉으스레 눕더니

가을에는 아가**들이
발갛게 울다가
발갛게 웃다가
발갛게 눕는다

백양사에 갔다가
열꽃이 피어오르면
가슴도 뜨거워져
가출한 사람도 있단다
부처님도 그때 출가했다잖니

부처님이 호사스러워
붉은 아기 웃음과 울음 걸어 두고

환장하는 중생 불러 모아놓고
다시 열반에 드시려는 게지

아, 아무리 펜대 굴려 봐도
나의 시는 짧고
너의 예술은 한없이 깊어
눈물 찍어낸다

---

*고불 : 천연기념물 제486호 고불매(古佛梅).
**아가 : 백양사 애기단풍.

고분군

조문국(召文國) 유물박물관에 이천 년 전 사람들이 산다 억센 팔다리의 남자와 가슴 예쁜 여인이 사타구니만 가리고 마주 앉아 불 피워놓고 꼬챙이에 물고기 끼워 구워먹고 있다 그 옆 순장묘(旬葬墓)에는 엉성한 뼈와 해골만 남은 사람들이 무덤에 누워 구멍 뚫린 눈으로 물고기 구워먹는 사람을 물끄러미 보고 있다

돌아 나와 고분군 한복판에 서니 그 큰 무덤 안에서 박물관에서 본 남녀가 그들의 언어로 궁시렁대며 달그락 소리가 잔디 사이로 새어나오는 듯, 어쩌면 그 고분 안에서 뼈만 엉성한 옛날 사람들이 아직도 살고 있으리라 무덤 파고 들어가 그들을 데리고 나와 바깥세상 구경 시키고 막걸리 한 사발 먹여 다시 들여보내고 싶어진다

다시 천 년 뒤에 나는 어느 고분 하나 차지하고 누워 어떤 살림을 하고 있을까 그때도 지금의 나처럼 내 무덤 구경하러 오는 사람 있을까

유월 훈풍이 파란 무덤 위를 어루만지며 스쳐 지나간다

향긋한 세월의 향기가 싱그럽다

＊조문국(召文國) : 경북 의성군 금성면에 있었다는 신라시대 부족국가.

선암매

선암사 응진전 앞에 육백 년 묵은 나무부처
젊은 것들은 흐드러지게 꽃을 피우고 있는데
이 늙은 부처는 꽃이 육백 번 피고 지는 동안
이젠 내 머리카락처럼 듬성듬성하고
수피(樹皮)가 내 이마의 주름살 떼다 붙인 듯,
그래도 육백 년 이어 온 목탁 소리에
향기 감추고
다른 풀과 이끼 살도록 등 내어준 자비(慈悲)

세월은 발자국 새기는 일 잊어버렸지만
세월의 여운 앞에
파란 이끼옷 입은 나무부처님
선암사 깊은 뒷간 냄새까지도 싸안은 향기
부처님도 이 나무를 뒤에 은근히 감추고
응진전의 16아라한이 지키고 서 있다

구룡사 가는 길

산의 속살을 밟고
나무의 눈물을 밟고
나뭇가지에 걸린 시를 읽으며
치악산 간다

지친 세월이야 어쩔 수 없는 일
노란 지전 날리는 은행나무는
사백 년 묵었어도
구룡사 부처님은 황금빛으로 젊어 있다

아홉 마리 용은 가고 없어도
거북은 남아 있고
고목은 누웠어도
계곡은 살아 있다

그대와 나 사이가 멀고 멀어도
시공(時空)을 넘는 그리움처럼
대웅전 처마 모서리 풍경(風磬)

세월 넘는 소리

붉은 치악산
구룡사 원통문전(圓通門前)에 낙엽 밟고 서서
수미산을 생각하고
사천왕문 지나 계단을 힘겹게 올라
대웅전 부처님 전에 소원 빌러 간다

한 발 더 가까이 가고 싶은
먼 먼 그리움

청산도 연가

애인아, 우리
청산도 도청항 돌비석 앞에서 만나자
거기 가면 세월도
천천히 천천히 느리게 느리게 간다네
우리 생의 길목마다 얼마나 바삐 달려왔더냐
우리의 머리엔 이미 서리 앉았고
이마엔 산맥과 강이 번갈아 났네
이제 일몰이 가까운 시간
마지막 건너갈 강 없는
청산도에 가서 갇히자
설레던 동방화촉도
부풀던 꿈도 얼마나 덧없었더냐
거기서 우리 서편제가 아니더라도
북소리 둥둥 너풀너풀 춤이라도 추자
우리 천천히 가는 청산도에서 남은 시절 살다가
어느 석양 무렵
붉은 서쪽 하늘 바라보며
조용히 찬란한 주검으로 남아

인적 드문 해안가 산자락 어디쯤
풀 덮고 초장(草葬)으로 누웠다가
한 방울의 눈물도
한 줌의 재도 없이
해풍에 몸 내어주자

태종대 회상

여름 햇살에 바다도 익어
희끄무레한 해무(海霧) 낀 솔가지 사이
등대 세운 작은 섬이 부초(浮草)처럼 떴다
그 옛날 신선은 어디 가고
파도만 무슨 일로
저 암벽에 죽자고 머리 부딪치는가

저물녘 등대 바위에서
대마도 불빛을 아득히 바라보며
내 어깨에 머리 기대고 흐느끼던 여인아
지금도
우멍한 눈에 눈물 그렁그렁
누구를 기다리고 있는가
그날 이루지 못한 회한의 인연
끝내 저 파도처럼 부서지고
우리는 지금 늙은 세월에 지쳐 있다
그래도 곰삭은 추억은
가슴에서 지워지지 않으니

나를 울려주던 여인아,
우리의 인연은
흩어져 사라지는
바다 위 저 허공의 구름이었던가

반구대 암각화

반구대 암각화는 세월을 헤아리지 않는다
산야에서 뛰어 다니다가
바닷속을 헤엄치다가
이 바위에 와 영원을 살기 시작한 선사시대
호랑이를 뒤쫓던 사냥꾼도
고래를 낚던 어부도
호랑이 따라 고래 따라 여기까지 왔다가
함께 영원을 산다
사냥꾼도 어부도 새끼 밴 어미를 잡지 못해
천만년을 보고만 있다
영겁을 숨 쉬며 살아 있을지니
나도 나뭇잎 하나 가리고
저 바위에 가서 붙었으면 좋겠다
세월이야 가든지 말든지

내소사 가는 길

내소사 가는 전나무숲 눈길엔
능가산 눈바람으로 속세의 때를 씻고 가야 한다
관음봉 관음보살이
찌든 중생을 눈바람으로 휘감느니
가슴에 품은 속세의 한일랑
일주문에 걸어두고 갈 일이다
천왕문 사천왕의 불거진 눈이 무섭거든
법당 뒷벽에 앉아 있는 관음보살을 불러라
천년 묵은 느티나무 밑에서는
세월을 세지 말고
속세의 옷도 훌훌 벗고
맨몸으로 법당에 엎드릴 일이다
그래도 번뇌 남거든 보종각 종을 울려라
돌아 나오는 눈길엔
젖은 발자국이 뒤따라오리

눈 내리는 선운사

내 거기 가면
대웅전 부처님은 언제나 눈 불러 나를 반긴다
선운사 찾는 길엔 눈으로 깔아놓고
내가 밟은 발자국은 내 인생길처럼 언제나 어지럽다
선운사 부처님을 뵙고 나오면
빛고을식당에서 풍천장어에 복분자술을 마신다
장어가 성난 붉은 얼굴을 하고 내 식탁에 올라올 때
나는 선운사를 나올 때의 금강역사의 무서운 모습을 떠올린다
도솔산은 언제나 저녁 해를 넘기고
도솔천 내원궁의 지장보살님이 슬금슬금 내려와 어둠이 깔리면
또 하루가 줄어드는 나의 세월이여
아승기겁(阿僧祇劫) 전에도 뒤에도 세월은 또 남아 있으니
도솔산 골짜기를 곰지락거리며 찾아든 한 생이야
저 수많은 통제불능의 하얀 영혼들이 어지러이 내려와
어느 정도 버티다가 사라지는 것과 다르지 않음이여
공즉시색(空卽是色)이요 색즉시공(色卽是空)이니
내가 여기 있는 것도 없는 것이요 내가 없는 것도 있는 것임에

살아도 죽은 것이요 죽어도 살아 있는 것일까
삶과 죽음의 경계가 무너진다

지리산을 넘으며

팔십 리 하동포구에 그리움 두고
섬진강 굽이돌아 성삼재 오르는 길은
인생의 길목처럼 굽이도 많다
시암재에서 숨 돌려 성삼재 넘으면
이리 오라 손짓하는 노고단 할미
애써 외면해도
두류의 종주길이 아쉬움에 젖어든다
뱀사골 내려오는 길에 오른쪽 돌아보면
반야는 구름 한 점 이고 말없이 섰다
지리산 먹구름 울던 날
산골을 누비던 이념의 깃발들은
지금쯤 어느 흙에서 썩어가는가
뱀사골 개울물 소리 예나 지금이나 한가진데
유월 땡볕이 왜 이리 따갑기만 한가
반야는 말이 없어도 내 마음 거기 가 있으니
기필코 너를 밟고 서서
서러운 울음 크게 한번 울어보리라

매창 무덤가에서

천리를 달려와서 그대 무덤가에 섰네
곰소 염전에서 불어오는 짠 바람
찢긴 비단 치마저고리에서 이는 서릿바람
칼바람 되어 옷깃 파고드네
거문고 소리 은은한데
한양 간 임은 어느 제 오실는지
촌은의 그리움도
교산의 흐느낌도 돌로 섰는데
후인(後人)은 공연히
그리움에 한 잔 술이 아쉽다
그대 영원히 살 집은 여기 있는데
나그네 지친 다리 멈추고
시름 달래볼 교방은 어디쯤인가
사랑 먹고 풍류 타고 살다 간
서른일곱 한 세상
그대 영원한 우리의 연인일레

두물머리

그리워 그리워하며
남북으로 떨어져 있던 물줄기
더듬어 찾고 찾은 만남의 자리
하늘과 산과 물에 붉은 보료를 깔았다

물은 물끼리 서로 잡고 울부짖으니
물도 붉은 불길에 끓어오르고
그 사이에 선 나그네 가슴이 덩달아 달아올랐다
물가에 선 고사목은 저 불길에 타서일 테고
사백 년 묵은 느티나무는 세월의 무게로 지켜본다

이 황홀한 연출이 꼭 만남뿐 아니니
그들은 또 거대한 한 몸이 되어 여기를 떠난다
두물머리는 만나는 곳이면서 떠나는 곳

그리운 사람아
둘이 만나면 어디나 두물머리 아닌가
우리 만나서 눈물을 섞고 다시 떠나더라도

마지막 두물머리 한 상 차려보지 않으련
저 물이 진세(塵世)를 지나 서해로 들듯이
우리 서역서천(西域西天)에 드는 날까지
속진(俗塵) 속에서 마음 섞어가며 살아보자

포구

방파제가 슬픔을 감싸 안은 포구
꿈은 언제나 방파제 너머에 있다
비린내 나는 젊은 사내들이 꿈을 찾아
방파제와 방파제 사이를 드나들고
아낙들은 바람으로 불안을 키운다

제삿날이 같은 형제 이웃끼리
통곡의 밤이 들면
파도가 방파제 안까지 들어와 함께 울부짖고
갈매기는 멈춰선 배에 올라 밤잠을 청한다

비린내 묻은 슬픔이 숨어 사는 포구에
바람이 울고 지나가면
방파제 밖에서는 푸른 그리움이 출렁이고
수평선 너머에 고향을 둔 해를
바다와 하늘이 출산하면
깃발을 단 어선은 금 비늘을 찾으러 떠난다

비린내 나는 부모에게서 태어나 자라나고
비린내 나는 사람과 살 맞대고 살고
비린내 나는 자식을 낳는
비린내 묻은 삶이 꾸역꾸역 모인 포구

불국사 벚꽃

불국사 부처님 앞에
속살 드러내고
나신(裸身)으로 선 여인들
눈 시리다
수다스럽다
소란스럽다
선정(煽情)스럽다
부처님이 눈 지긋이 감고
토함산 쪽으로 돌아앉는다
여인들이 까르르 웃는다
부처님이 겸연쩍게 웃는다

봄날이 봄앓이하는 중이다

안창마을

맥주 거품처럼
밀리고 밀려서 오르다가
산굽이 돌아서
하늘 가까운 산자락에
껌딱지처럼 붙어살았다
가다 보면 막히거나 산으로 통하는
숨바꼭질하기 좋은 골목이 생기고
집들은 전깃줄에 칭칭 묶여 있다
구름도 바람도 쉬어가는 곳
오리는 살지 않아도
오리들이 날마다 불판 위에 앉고
소주잔이 오가면
팔도 사투리가 살아나는 곳
허름한 지붕들은 간신히
물탱크 하나씩 이고
하늘에 가까이 다가가고
마을 사람들은
마을버스 올라오기를 기다린다

자갈치

자갈치엔 바다를 꿈꾸는 사람들과 바다를 꿈꾸는 고기들로 가득 찼다
어항 속의 고기들이 힘차게 부리를 저어 봐도 이미 바다는 아니고
좌판 위에 누운 고기들은 반구대 암각화다

내가 어항 속에서 고기처럼 헤엄친다
좌판 위에 누워 지나가는 사람들의 뱃속을 본다
용케 내가 선택되기 전에 벌떡 일어났다
그들의 살점으로 배를 채워본다
소주 맛을 본 살점들이 뱃속에서 취한다
망망대해에서 돌아온 어선들이
항해의 외로움을 달래기 위해 몸 붙이고 비벼댄다
갈매기는 날다가 어선의 사타구니를 찍어본다

배마다 깃대는 솟아도 인생을 달지 못한다
삶이 귀찮아지거든 자갈치시장에 가보라
자갈치엔 자갈은 없고 삶이 누룽지처럼 붙어 있다

해설

생에 대한 고요한 깨우침의 진동(振動)

김정자 시인·문학평론가·부산대 명예교수

1. 꼿꼿하고 맑은 시혼으로 산 생애

경상북도 의성에서 태어난 허산재 김필규 선생은, 그야말로 맑고 꼿꼿한 한글학자이며 훌륭한 스승이다.

현실의 불의와 타협하지 않고 세상의 부질없는 일들과 소통하지 않는 꼿꼿함을 지닌 그는 매사에 올곧고 맑은 혼을 가진 사람이다. 그러면서도 그는 말할 수 없이 부지런하고 열정적인 삶을 살아오고 있다. 그 연세에 와서도 그는 누구보다 뛰어난 컴퓨터 작업의 실행자이며, 사진기를 들고 전국 방방곡곡을 누비며 자연의 이치를 배우고 성찰한다.

매화 벙그는 봄이 오면, 그는 자리를 털고 일어나 갖가지 매화들을 찾아 나선다. 젊은이도 저어할 만한 일들을 그는 주저

없이 실행하고, 꽃과 자연, 그리고 인생의 문제에 대해서 끊임없이 생각하고 성찰하기를 게을리 하지 않는다. 춘당매가 피는 아름다운 섬 거제 구조라초등학교를 찾아 카메라를 메고 달려가는 그 열정은 대체 어디서 비롯하는 것일까.

그리고 그는 이내 돌아와서 춘당매의 환상으로 시를 쓴다.

> 이제야 혈혈단신 찾아왔나니
> 늙을수록 고고한 나무여
> 그대처럼 梅木으로 태어나지 못한 늙은이
> 이 허허로운 가슴에 봄 향기 넣어주소서
>
> ―「춘당매」 부분

춘당매처럼 고고하게 태어나지 못했음을 한탄하지만, 그의 인품과 행동에서 풍기는 향기는 매화의 그것을 닮아 있다. 스승으로서의 그의 인품은 K여고 시절의 제자들이 기꺼이 출간하게 해드린 그의 시집을 보아서도 알 수 있다. 친구들이나 그의 후학들도 이구동성으로 그의 올곧고 꼿꼿하며 맑은 인품에 대해서 이야기하곤 한다.

『꽃무릇 피는 사연』은 그의 다섯 번째 시집이 된다. 이번 시집에서는, 생에 대한 깨우침과 그 진실의 통찰이 얼마나 처절하고 얼마나 진지하며 그럼에도 아름다운가를 깨닫게 하는 내용들로 가득 차 있다.

2. 삶과 자연이치의 끊임없는 교호작용

강이 어둠을 붙잡고 있었다
강은 자못 엄숙한 자세로 출발을 준비하고 있었다
하늘에 별들이 빛나고
멀리 불빛은 밤새도록 켜져 있었고
검은 산이 수문장처럼 엄숙히 둘러섰다

강이 어둠을 놓는 순간 서서히 강문이 열린다
강이 열리니
동쪽 하늘의 서광이 붉게 타오르고
숨죽이던 강물이 비로소 뒤척인다
바다가 강물을 끌어당긴다
갈대와 나무는 일렁일렁
키 낮은 강아지풀은 얄랑얄랑
이별의 몸짓이다

새벽 강변에 서서
강이 치르는 아침 의식을 지켜본다
시위 군중처럼 밀고 가는 강물에
나를 실어 보낸다
더 이상 나는 여기 없다

하늘이 시퍼렇다

스마트폰 뉴스에
홍콩 민주화 시위 소식이 사진과 함께 떴다

세상은 날마다 개벽한다
―「새벽 강」 전문

 강이 엄숙한 어둠을 품고 있을 동안에는 검은 산이 수문장처럼 대지를 둘러치고 있다. 그러나 롱펠로우의 시처럼 그 어둠이 오면, 그 속에서도 별들은 오로지 밝고 아름다운 얼굴로 하늘을 가득 채우고 있음을 알 수 있다. 어둠만이 만유의 현존이 아니고, 밝은 실체만이 우주의 전부가 아니라는 것을 깨닫게 된다.
 강이 서서히 어둠을 놓는 순간 강문이 열리고 동쪽 하늘이 붉게 타기 시작한다. 어둠과 아침 서광이 교체되는 엄숙하고 거대한 이 자연의 질서를 지켜보면서, 생의 흐름을 관조한다. 먼 바다로 향하는 강물의 흐름에 나를 실어 보내고, 결코 머물러서만 살 수 없는 인생의 의미를 반추한다. 결국, 삶과 죽음 자체가 우주의 거대한 흐름에 동승하는 자연이치에 다름 아님을 알게 되는 것이다.

   머리카락 잘라 삼아준

미투리 신고
분홍빛 도포자락 늘어뜨리고
임 가신 서천서역(西天西域)
뚜벅이 양반걸음으로
언제 가시려나

가다가 가다가
왜 자꾸 돌아보시나
그대 향한 간절한 그리움
달맞이꽃
못 잊어
못 잊어서 돌아보시나

―「아침 달」 전문

  앞에서 본 자연관조의 의미는 「아침 달」에서도 그대로 이어지고 있다. 임 가신 서천서역의 세계는 먼 서역의 세계로 사그라지는 '지는 달'의 영토이며, 달리 말해 '아침 달'의 영역이다. 아침 달이 희미해지고 사라지는 것은, 소멸해가는 삶의 행적을 바라보는 애틋한 마음과도 같다. 멀리 서천으로 사라짐에도 이승에 둔 그대 향한 그리움의 미련을 버리지 못함을 의미한다.

강 저쪽인들 이쪽과 뭐 다르랴
이쪽 사람이 저쪽 사람 그리워하듯이

저쪽 사람도 이쪽 사람 그리워하겠지
　　　거기도 강물처럼 세월은 흐르고
　　　이쪽을 저쪽이라 부르겠지
　　　　　　　　　　　　　─「강변에서 3」 부분

　이쪽과 저쪽의 변증법적 사유는, 절대적인 것에 대한 부정을 의미함이다. 이쪽에서 볼 때, 이쪽에서의 '가는 행위'는 저쪽에서의 '오는 행위'를 의미함이다. 절대적인 '감'은 없고, '옴'과 '감'은 뫼비우스의 띠처럼 얽혀 있을 뿐이다. 좋은 것과 나쁜 것, 미움과 사랑, 어둠과 밝음, 선함과 악마적인 것…… 이 모든 원형적 콤플렉스에 절대적인 나눔의 재단을 내리기란 참으로 어려운 것이다.

　「강변에서 3」에서 의미되는 이쪽과 저쪽의 명제 또한 이러한 논리의 맥락에서 사유되어야 하는 것들이라 할 수 있다. 우리가 저세상이라 부르는 거기도, 결국은 여기 현존하고 있는 우리 인간 세상에 다름 아니다. 따라서 삶과 죽음이라는 것도 절대적인 나눔의 영역으로 단절되는 것이 아니라, 그냥 흘러넘치는 상호 범람적인 존재에 불과하다는 것을 우리는 깨달아야 하는 것일 터이다. 시인의 이러한 논리적 사유는 그의 작품 여기저기에서 나타난다.

　　　지금 조용한 듯하지만

  사실은 시끄럽다
  들리지 않는 저 소리들
  귀로 듣지 말고 가슴으로 들어라
  저 은밀한 소리를
  들을 줄 아는 사람에게만 봄이 온다
―「봄나무」부분

 귀로 듣지 않고 가슴으로 듣는 사람에게만 저 위대한 잉태에서 탄생의 통증과 아픔을 견뎌내고 봄을 틔워내는 자연의 섭리를 깨우칠 수 있는 것이라고, 시인은 일깨워준다.

  봄 땅에 삽날 함부로 꽂지 말 일이다
  그 땅속에는
  민들레 씨앗이 싹을 준비하고 있을지도 모르고
  모란 뿌리가 붉은 꿈을 꾸고 있을지도 모르고
  이름 모를 풀씨들이 봄잠에서 깨어나고 있을지도 모른다
  봄 땅속은 만물의 꿈자리다
  어머니 가슴이다
  어머니 가슴에 삽날 함부로 꽂지 말 일이다
―「봄 땅」부분

 땅은 만유의 어머니다. 모든 것이 잉태되고 생명을 움틔우는 근원인 동시에 모든 것을 받아들이고 거두어들이는 임종의 터전이기도 하다. 땅은, 생명과 죽음이 늘 함께 움직이고 상호 공유되는 현전의 거래 장소이다. 그러한 '현전'이 있음으로써만 모든 주변의 사물들이 유의하게 된다. 바람도 햇볕도 수액과 공기도 땅이라는 현전이 있음으로써만 의미가 생성된다.

  그것은 '신전'이라는 현전이 있음으로 해서만 신들의 공간이 생성되고, 신성의 의미가 성립된다는 그리스인들의 세계관을 환기시키기도 한다. 결국 땅이 있음으로 해서만 모든 만유의 의미가 생성될 수 있다는 것이, 시인이 자연과의 통찰에서 얻어내는 사유의 근간이라 할 수 있다.

> 내가 만약 강물을 운전하여 흘러갈 수 있다면
> 나는 은하수로 가겠네
> 하늘의 은하수와 땅의 강물을 합수시키고
> 첫날밤을 지켜보겠네
> 우주는 어떻게 사랑하는지
>
> 견우직녀가 밤마다 건너다닐 다리를 놓고
> 나는 다리 옆 풀밭에 앉아
> 밤마다 별과 마주 앉아 소주를 마시겠네
> 어린 별이 찾아와 인사를 하면
> 나는 눈웃음으로 받겠네
> 그러면서 나는
> 견우직녀의 사랑도 지켜보겠네

> 내가 만약 은하수에 다리를 놓을 수 있다면
> 피안을 건너가는 강에도 다리를 놓겠네
> 먼저 간 사람을 날마다 찾아갈 수 있도록
>
> ―「강물 4」 전문

 '강'은 김필규 시인의 작품에서 끊임없는 오브제로 등장한다. 앞에서도 서술한 바 있듯이, 흘러가고 또 흘러오는 우주의 흐름과, 우주 속에 부유(浮游)하는 인생의 의미를 설명하기에, 강물은 아주 적절한 암시적 존재이기 때문이리라.
 견우와 직녀의 만남과 이별이란, 곧 만유의 만남과 이별에 대한 설렘과 아쉬움의 진실이다. 은하수에 다리를 놓아 피안의 세계로 사라져간 그리운 사람들을 만날 수 있다면 얼마나 가슴 떨리는 일일 것인가. 생을 살면서 우리는, 수많은 사람들과 만나고 이별하는 힘든 일들을 겪어야 한다. 기쁘고 설레는 만남은, 또한 가슴 애틋하고 쓰라린 이별을 공유하고 있음이다.

3. 추억과 고향, 그 본질에 대한 그리움

 그의 시에는 지나간 시간과 사람들에 대한 추억들로 가득 차 있다. 그리고, 가슴에 깊이 새겨져 있는 자신의 본질에 대한 반추와 각성으로 스스로의 존재에 대한 확인을 하고 있다.

내가 태어난 그 땅에 가면
내가 밟고 다니던 흙들이 일제히 꿈틀거리는데
버티고 선 시멘트 벽돌집은 나를 외면한다
나는 거기 갈 때마다
시멘트 벽돌집을 허물고
그 자리에
우리 할매처럼 쪼그라들 대로 쪼그라든
초가집을 세운다
뒤란에 초가집보다 더 큰 복숭아나무도
금방 세워놓고 돌아서면
아버지가 접붙인 감나무가 키가 클 대로 커서
나를 알아보고 눈물 흘린다

나의 생지(生地)는 있어도 생가는 없다
생가는 내 가슴속에 있다
—「생가(生家)」 전문

  생지(生地)는 있어도 생가는 없다. 생가 터에 가보면 낯선 시멘트 집이 들어서 있어 나를 외면한다. 그러나, 뒤란의 숲의 향기와 복숭아나무, 감나무들은 나를 알아보고 그리움과 연민으로 눈물을 흘린다. 나는 미끈한 시멘트 집보다 할머니의 모습처럼 쭈글쭈글한 그 옛날 어린 시절의 생가가 더 그립다. 나는 가슴속에 살아 있는 나의 생가를 그 옛날 모습대로 복원시켜본다.

그것이 나의 본질을 형성하는 에티몬이며 나의 아이덴티티를 확고하게 하는 핵임을 확인하게 한다.

세월은 빠르게 흘러가고 세월 따라 나도 흘러간다. 그러나 내 유년의 아름다운 꿈이 새겨져 있고, 거기 내 인생의 뼈마디가 굵어졌던 생지와 생가 터는 내 삶의 본질을 단단하게 형성하는 근원이 될 것이다.

    해마다 가뭄 타는 천수답 다랑지논
    그 맨 윗배미를 아버지는 파고 또 팠다
    나는 보고만 있었다
    그래도 아버지는 아무 말씀 없으셨다

    아버지 가슴이 얼마나 깊었는지
    나는 아무리 들여다봐도 보이지 않았다
    그래도 아버지는 맨날 가슴을 팠다
    나는 보고만 있었다
    그래도 아버지는 가슴을 열어 보이지 않으셨다

    그 못의 못물로 다랑지논에 벼가 익어갔다
    그 다랑지논에서 난 몇 됫박 쌀로 칠남매가 자랐다

    지금은 남의 땅이 된 아버지 못도 없어지고
    다랑지 논배미엔 풀과 나무만 우거졌다

가끔 나는 거기 고목으로 서서
나도 그 옛날 아버지처럼 가슴을 판다
내 아이들은 그때 나처럼 보고만 있다
그래도 나는 아이들에게 가슴을 열어 보이지 않는다

아버지보다 나이가 많은 지금도
아버지 못의 깊이를 모르고
내 가슴이 점점 깊어만 간다
　　　　　　　　　　　　　―「아버지의 못」 전문

　아버지가 파낸 못물은 다랑지논에 벼를 익게 하고 칠남매가 자란 쌀이 되었다. 아버지의 못물은 깊이를 알 수 없는 가슴의 통증을 의미함이며 삶의 고뇌로 넘치는 못물일 터이다. 그러한 아버지 가슴의 깊이를 알지 못한 채 칠남매가 자랐고, 이제 그날의 아버지보다 더 나이를 많이 먹은 내가 또한 아버지처럼 아이들에게 가슴을 열어 보이지 않은 채 가슴을 파기만 한다.
　아버지 못의 깊이를 내가 알 수 없듯이, 아이들 또한 내 가슴 아픔의 깊이를 알지 못한다. 우리들 삶에서 아버지는 내 존재의 근원이며 내 생명의 원천이다. 나의 생명의 근거를 마련하고 나의 본질을 형성하는 뿌리를 만들어주기 위하여 아버지 삶의 고뇌는 얼마나 깊고 웅숭깊었을 것인가. 나의 가슴이 점점 깊어 갈수록 아버지 삶의 못이 얼마나 깊은 아픔을 가지고 있었을 것인가를 생각하게 된다.

> 가슴에 현산골짜기를 안고 살다가
> 눈감으면 어머니 자장가 들으며 찾아드는 곳
> 아,
> 천년이 가도 만년이 가도
> 변하지 않는 물소리 바람소리
> 아직도 들려오는 아버지의 노랫가락
> 어머니의 자장가
> 나는 현산 하늘과 현산 땅이 낳은 자식
> 이 골짜기 흙으로 빚어진 내 육신
> 이 몸 사라지는 날에도 영원히
> 현산 촌놈으로 살아갈 영혼
> 나는 지금도 그 골짜기 어디서
> 소꿉놀이하며 놀고 있고
> 어린 동무들의 창가 소리
> 어머니 날 부르는 소리
> 세월도 멈출 줄 모르는
> 그 메아리 아직도 귀에 은은하다
> ─「내 고향 현산리」 부분

　나는 현산리 골짜기를 안고 살다가, 어머니 자장가 소리, 물소리, 바람소리, 아버지의 노랫가락 속에서 살다가, 소꿉놀이하며 친구들과 놀던 나의 고향에서 영원히 살고 싶다는 절절한 귀거래사를 듣는다. 돌아옴과 떠나감의 순환구조 역시 생명의 논리이며 '일반적 아이러니'의 기본적인 철학이라 할 수 있다.

  사람은 복잡한 갈등구조와 고통을 안고 있는 여기 이 현실에서 탈출하고자 한다. 이 번잡한 삶은 떠나감의 행위를 통해 탈출구를 마련할 수 있다고 믿기 때문이다. 그러나 또한 인간에게는 회귀본능이란 역설적인 심리를 동시에 지니고 있어 떠난 자리에 다시 돌아오고자 하는 욕구를 어쩔 수 없다. 그것이 삶의 귀거래사이며, 모성의 품으로 돌아가고자 하는 회귀의 욕구이다.

4. 생로병사, 그 절대적인 우주의 이치

    내 허파에 바람 든 것은 너를 그리워했기 때문인데
    상체와 얼굴이 바람 들어 미륵보살이 되어 가던 날
    애꿎게도 의사는 옆 가슴에 구멍을 뚫었지
    비닐 파이프 하나 집어넣었지
    그래도 바람이 다 빠지지 않자
    가슴을 열고 바람 든 허파를 잘라내었지
    그러고도 너를 그리워하는 걸 보면
    그리움은 허파에 들어 있지 않은가봐
    가슴 열던 날
    삶으로 다시 깨어나

통증으로 소리치던 때도
네가 옆에 있었으면 하고
더 간절히 그리워했었지

―「기흉(氣胸)」 전문

'그리움'을 허파에 바람 든 기흉으로 환기시킨 은유의 기법은 탁월하다. 가슴 열고 허파에 든 그리움을 잘라내어도 그리움은 여전히 가슴을 채우고 있다는, 참으로 아름답고 쓰라린 발상이다.

인간에게 그리움이란 정서는 무엇일까. 뱃속에 가득 먹을 것을 채워 넣어도 언제나 배고픔과 빈곤으로 고통스러워하는 그리스 신화의 여신 '페니아'처럼 인간에게 그리움이란 끝없는 갈망의 욕구인 것이다.

풍요의 신 포로스와 빈곤의 여신 페니아 사이에서 태어난 아들이 에로스이다. 그러기에 에로스는 풍요에서 오는 열정과 게걸스러움과 나태, 그리고 빈곤의 불안과 초라함을 동시에 내포하고 있는 언제나 불안한 존재인 것이다. 따라서 갈망이라는 것, 그리움이란 것은 유한한 인간세계에서 본질적으로 내재하는 정서로 자리 잡고 있는 것이다.

비닐 마스크 줄 달아 쓰고 있는 친구여
그대 언어를 잊어버렸는가

> 그대 거머쥐고 있는 끈들은
> 아직도 시퍼렇게 살아 꿈틀대고
> 그대 좋아하던 술은
> 아직도 무진장으로 남아 있는데
> 어쩌자고 마스크를 열지 않는가
> 나도 그새 많은 단어 잊어버려
> 그대에게 줄 말 한 마디 생각나지 않는구려
> 식어가는 우리들의 심장 속에
> 어느 세월이 들어가 불을 지피겠는가
> 허공에 매달린 지나간 삶들은
> 찬 겨울에 나부끼는 눈처럼
> 눈앞에 어른거리며 떨어져
> 바람 같은 세월에 스러져 가리니
> 가게나, 잡은 끈 놓고
> 가서 자리 하나 차지하고 내 자리도 맡아놓게나
>
> ―「침묵」 전문

정다웠던 친구들은 하나 둘 이승을 하직하고, 어떤 이는 산소 마스크를 쓰고 위급환자실에 누워 있다. 흥겹게 담소하며 함께 술에 취하던 친구는 말없이 마스크와 주사바늘에 의지하여 병실을 채우고 있다. 식어가는 심장 속에 무슨 말을 전할 수 있겠는가. 찬 겨울 나부끼는 눈송이처럼, 바람에 나부끼는 세월의 흐름에 스러져가는 인생을 생각한다.

언젠가 나도 저 길을 동승해야 하느니, 나도 가서 차지할 자리는 있을는지. 친구에게 "내 자리도 맡아놓"이라는 쓸쓸한 당부를 남기며 병실을 빠져 나오는 심사를 가히 짐작할 수 있을진저. 늙음과 죽음에 대한 이러한 쓸쓸한 생각들은 폐교가 되어버린 모교를 찾아가면서 더욱 애달파진다.

> 백발들이 하나 둘 모여 들어
> 모교를 간답시고 나섰다
> 녹슨 교문은 철삿줄로 걸어 매여 있어
> 모처럼 찾아간 모교
> 교문으로 들어가지 못하고
> 울타리 타넘어 들어갔다
> 지나간 세월을 찾는 일은
> 막아놓은 울타리를 타넘어 들어야 하는가
> 운동장은 수북한 마른 풀로 덮여 있고
> 공부하던 교실은 텅 빈 헛간
> 세월이 바람처럼 지나간 폐교에
> 화석처럼 눌어붙은 추억
> 낡은 꿈을 쓸어 모은다
> 세월의 흔적은 학교나 사람이나 마찬가지
> 돌아 나오는 길 뒤에서
> 그 옛날 내가 부른 교가가 들려왔다
> 나의 뒤꼭지가 쿵쿵거린다

—「모교」 전문

　폐교가 된 모교에서, 늙어 백발이 된 친구들이 쓸쓸하게 유년을 회상하고 있는 장면을 연상한다. 철삿줄로 묶여 있는 녹슨 교문을 쓰다듬으며 울타리를 타넘어 가는 노년의 친구들. 세월이 바람처럼 지나간 폐교의 교실. 그 옛날 낭랑하게 교과서의 글들을 소리 내어 읽으며 맑은 눈망울을 반짝이던 친구들은 하나 둘 사라져가고, 남아 있는 친구들은 바람에 백발을 나부끼며 먼 과거를 회상할 뿐이다. 수북한 마른 풀들이 바람에 날리듯 노년의 생은 낡은 꿈으로 남아 있다.
　누구나 인간은 한번은 나서 가야 하는 것이 만유의 진실이고 그 이치인 것을. 익히 깨닫고 있음에도 그 쓸쓸한 마음을 주체할 수 없음이 어쩔 수 없는 일이 아닌가.

　　안개가 강물에 머리 감고 있는 아침
　　아무도 없는 아침 강변에 서서
　　소리 질러 불러보고 싶은 이름
　　춘우야~
　　석만아~
　　대답이 없다
　　짜식들 뒈졌나, 대답이 없어!

　　그렇다, 갔구나

그들은 초등학교를 같이 다니던
코흘리개 불알친구
소리 질러 불러본 이름은
아침안개가 다 받아 삼키고
강 건너편에는 들리지 않는가보다
울컥!
가슴이 멘다
피안에서는 그렇게 대답해 오는구나
—「아침 강변에 서서」 전문

글을 읽는 독자의 가슴도 먹먹해진다.
'춘우야, 석만아~'
아무리 큰소리로 불러보아도 대답 없는 친구. 유년의 꿈과 함께 생을 아름답게 수놓았던 명랑한 세월들을 돌이켜보며 애달파하지만, 세월은 사람들을 싣고 멀리 흘러갔을 뿐이다.
"미라보 다리 아래서 세느강은 흐르고/우리들의 사랑은 흘러간다"고 했던 기욤 아뽀리네에르의 낭만적인 슬픔보다, 강변에서 대답 없는 친구의 이름을 불러보며 "짜식들 뒈졌나, 대답이 없어!"라고 소리치는 거친 표현의 슬픔이 더 크고 깊게 다가오는 것은 무엇인지. 울컥! 시와 더불어 독자의 가슴이 메어 온다.
그의 시 「귀향사계(歸鄉四季)」에서도, 산으로 돌아간 사람들을 봄, 여름, 가을, 겨울로 더듬어 나가며 추억하고 있다. 산은 인간이 다시 돌아가야 할 영원한 고향이다. 앞산 밭이 흐드러지게 붉은 복숭아꽃도, 봄이 끝나면 시들어지고, 나락 베던 힘센 농부도, 6·25 때의 열혈 반공 청년도, 백수하시겠다던 종고모도, 모두 산으로 돌아가고 없다.

굳건한 반석 위에서 천년 동안 마을을 지켰던 느티나무마저 말벌에게 내장을 빼앗기고 마을 사람들에게 그 뼈를 빼앗겼다. 뼈를 빼앗긴 느티나무는 나를 보고 서럽게 울었고 나도 느티를 보고 함께 서럽게 울었다. 자연과 하나 되어 그 아픔을 공유하고 있는 시인의 마음에서, 관조의 세계에 침잠해 있는 아름다운 노년을 반추하게 된다.

5. 천지 유람과 자연과의 교감

삶을 사랑하고 아껴 아껴 살아야 한다는 각성에서일까. 시인은 천지를 부지런히 유람하며, 그 자연에서 끊임없는 성찰하기를 게을리 하지 않는다. 많은 것을 사유하고 깨우치며 자연과의 대면에서 이제까지도 발견하지 못했던 만유의 진실을 새삼스럽게 알아내게 된다.

> 내원사 들어가는 골짜기에 세진교(洗塵橋) 있다
> 덕지덕지 묻은 세진을
> 여기 지나면 씻어진다는 것인지

씻고 들어오라는 것인지
세진교 건너기 전 한참을 생각했다
아무리 생각해도
그 오랜 세월 동안 덮어쓴 세진 씻을 길 없어
행여 다리를 건너면
세진을 세진(細塵)도 남기지 않고 씻어줄 것이라 믿으며
부처님 앞에 섰다
부처님은 한결같이 표정이 없어
내가 앞에 서도 아무 말이 없다
그래도 부처님은 말없이
내 마음속 먼지라도 씻어줄 것이라 생각하는 순간
그 마음이 이미 세진(細塵)인 것을 깨닫고
부처님 앞에서 뒷걸음치며 물러났다
가을 천성산이 붉은 얼굴로 나를 내려다본다
―「세진교(洗塵橋)」 전문

  시인은 명산대천을 찾아 전국으로 다닌다. 그럼에도 어느 곳을 찾든 그냥 스치지 아니한다. 생의 문제들을 처처히 생각하며 깨닫고 반성하는 그의 자세는 언제나 진지하고 진실하다. 그는 부처님 앞에서 세상 먼지를 씻어내고자 함이 바로 부질없는 욕심인 것을 문득 깨닫고 뒷걸음친다.
  그는, 소록도에서 저승으로 인도하는 상여를 본다. 슬퍼하지도 울지도 않는다는 후행길 사람들은 비로소 문둥이가 아닌 사

람이 되어 가는 길을 왜 슬퍼하느냐고 되묻는다. 그들은 다시 성한 인간으로 태어나 바다풀과 파랗게 출렁이는 섬에서 어린 사슴처럼 발 담그고 살 수 있을 것이라는 희망을 가지고 있는 것이다. 그럼에도 시인은, '소록도는 아름답고 슬픈 섬'임을 부정하지 못한다.

그는 「백양사의 가을」을 보며 문자로는 도무지 서술하기 어려운 깊이를 가진 자연과 마주 선다. 「구룡사 가는 길」에서 세월을 넘어 시공을 넘어 부처님 세계에 입문하고 싶은 간곡한 소망을 빌어본다. 그러나 먼먼 그리움만 전해질 뿐 다가설 수 없는 요원한 부처의 세계를 깨달을 따름이다.

> 애인아, 우리
> 청산도 도청항 돌비석 앞에서 만나자
> 거기 가면 세월도
> 천천히 천천히 느리게 느리게 간다네
> 우리 생의 길목마다 얼마나 바삐 달려왔더냐
> 우리의 머리엔 이미 서리 앉았고
> 이마엔 산맥과 강이 번갈아 났네
> 이제 일몰이 가까운 시간
> 마지막 건너갈 강 없는
> 청산도에 가서 갇히자
> 설레던 동방화촉도
> 부풀던 꿈도 얼마나 덧없더냐

거기서 우리 서편제가 아니더라도
북소리 둥둥 너풀너풀 춤이라도 추자
우리 천천히 가는 청산도에서 남은 시절 살다가
어느 석양 무렵
붉은 서쪽 하늘 바라보며
조용히 찬란한 주검으로 남아
인적 드문 해안가 산자락 어디쯤
풀 덮고 초장(草葬)으로 누웠다가
한 방울의 눈물도
한 줌의 재도 없이
해풍에 몸 내어주자

―「청산도 연가」 전문

  사바세계의 애욕과 번뇌들은 한갓 허망한 재와 같은 것. 생은 빠르고 덧없음으로 길목마다 바삐 달려왔던 부질없는 것인 줄 알면서도 마지막 남은 애욕의 불씨를 버리지 못함이 범상한 인간들의 행태이다. 그래도 생에 남은 열망과 애욕의 불씨로써 조용히 찬란한 죽음을 기다리며 사랑하는 이와 함께 있고 싶다는, 이 끈끈한 갈증은 과연 무엇일까.

  한 방울 눈물도 한 줌의 재도 없이 푸른 바다에 실려 가고 싶은 이 여윈 소망을, 그대로 부질없다 추하다 단죄할 수 없는 것은 또 어인 일일까 생각해본다.

  「청산도 연가」는 반드시 사바세계에서의 어떤 특정한 인물을 의미함만은 아니다. 생에서 추구해왔던 가장 소중하고 아름다웠던 것들, 영원히 알파의 세계에서만 존재할 수 있는 그 어떤 이상적인 것, 그러한 이상향의 세계를 의미하는 것이기도 하다. 그것은 어쩌면 플라톤이 말했던 '이데아(관념)'의 세계를 향한 갈망일 수도 있고, 건널 수 없는 강 저쪽의 절대적인 아름다움에 대한 추구일 수도 있다.

  어찌하였건 그러한 세계를 찾고자 하는 시인의 갈망을 읽으며 가슴이 먹먹해지는 것은, 인간의 원형질에 대한 동정과 연민이리라.

6. 그리움, 욕망을 넘어선 생의 진동(振動)

내가 가면 너는 떠나고 없고
네가 오면 나는 떠난 후이니
우리는 어느 제 만날 수 있으랴
오가는 길 위에서
어쩌면 한 번쯤 만날 법도 하다만
세월의 길은
가고 오는 길이 다른가보다

서러워라, 절집 목탁 소리
말 한마디 건네지 못하고
가버린 사랑

가슴만 태우던 사미승이여

　　슬픔은 한 뿌리에 날 때부터 시작되었느니
　　한 번도 떠날 수 없는 인연
　　한 번도 만날 수 없는 무연
　　영원한 그리움

　　마디 없는 외줄기 위에
　　정염의 불꽃 차려놓고
　　새파랗게 간 임의 수의에
　　꽃수라도 놓아드리려나
　　핏빛 실 꾸러미 풀어헤쳐 맺어 보는
　　매듭매듭 슬픈 사랑
　　　　　　　　　　―「꽃무릇 피는 사연」 전문

　영원히 만날 수 없는 애절한 인연. 사랑하다 죽어 간 임의 혼을 머금은 꽃. '꽃무릇'의 전설처럼 이승에서 영원히 만날 수 없는 사랑과 그리움을 생각한다. 영원히 만날 수 없음은 영원히 변할 수 없는 사랑과 맞닿아 있다. 이 엄청난 모순구조 속에 삶이 차라리 아름다울 수밖에 없다함이 생의 역설이고 아이러니이다.
　시인은 이러한 역설 속에 인생의 진실이나 진리가 있음을 깨닫는다. 그것은 비록 애달프고 잔인한 진실이지만, 무한히 아름답고 아득한 그리움이 있다는 것을 부정할 수 없다. 그것이 또한 삶에서 우리를 깨우치게 하는 울림이요, 아픈 전율이며 '진동'이라는 것을 알 수 있다.

    나는 가끔 몸 구석구석에 진동을 느낀다

    머리에 진동이 오는 것은 나이가 보내는 것
    기억력이 쇠퇴하면서
    추억마저 도둑맞으려고 할 때 보내는 경고

    어깨에 진동이 오는 것은 돌아가신 아버지가 보내는 것
    어머니를 남겨두고 가신 아버지가
    어머니와 자식들 잘 건사하라는 신호

    허리에 진동이 오는 것은 세월이 보내는 것
    속 빈 뼈들과 닳아진 척추 연골에 대해
    세월이 보내는 경고

    무릎에 진동이 오는 것은 산이 보내는 것
    내가 가는 산길마다 지켜본 산자락이
    닳아 없어진 무릎 연골이 다해감을 알리는 경고

    가슴에 진동이 오는 것은

> 그것은
> 그대 가슴이 보내는 것이리
> 숱한 세월을 그리움으로 채우고 살다가
> 이젠 가슴마저 비어감을 경계하는 신호
>
> 아, 이젠 무엇으로도 원상복구가 안 되는 진동의 의미
> ─「진동(振動)」 전문

　인생에 대한 처절한 깨우침은 몸속 마디마디를 통한 진동으로 온다. 기억력이 쇠퇴해감을 깨우치게 하는 진동, 어깨에 진동을 느낌은 장남으로서 가장으로서의 무거운 책임감을 알게 하는 사실이다. 척추와 연골로, 무릎으로, 마침내는 가슴으로 오는 진동은 평생 가슴을 채웠던 아득한 그리움들이 생에서 빠져 나가는 허전함의 깨우침이다.
　인생의 행보를 조용히 감지하고 받아들이는 아름다운 의지와 깨우침, 그것들에서 독자의 영혼은 더욱 경건해지고 진지해지지만, 그 진동의 울림 속에서 삶은 더욱 쓸쓸하고 허전해짐을 어쩔 수 없다. 그러나 그 아픈 진동을 깊고 진지하게 받아들임으로써만 삶은 그 수명이 다하는 날까지 견뎌낼 수 있는 핵으로 남게 될 것이다.
　꼿꼿하고 맑은 시의 혼으로, 삶의 올곧음으로 살아온 한 생이, 이제는 시와 더불어 더욱 너그럽게 녹아내리며 건강과 행복

함이 함께 이어질 것을 진심으로 기원하면서 이 글을 끝맺고자 한다.

이 도서의 국립중앙도서관 출판시도서목록(CIP)은 서지정보유통지원시스템 홈페이지
(http://seoji.nl.go.kr)와 국가자료공동목록시스템(http://www.nl.go.kr/kolisnet)에서
이용하실 수 있습니다.(CIP제어번호: CIP2015012595)

문학의전당 시인선 197

꽃무릇 피는 사연

ⓒ 김필규

초판 1쇄 인쇄 2015년 5월 18일
초판 1쇄 발행 2015년 5월 26일
지은이 김필규
펴낸이 고영
책임편집 이현호
디자인 헤이존
펴낸곳 문학의전당
출판등록 제311-2012-000043호
주소 서울시 은평구 연서로11길 7-5 401호
편집실 서울시 마포구 마포대로 127, 413호(공덕동, 풍림VIP빌딩)
전화 02-852-1977
팩스 02-852-1978
블로그 http://blog.naver.com/mhjd2003
전자우편 sbpoem@naver.com

ISBN 979-11-86091-31-9 03810

*이 책의 판권은 지은이와 문학의전당에 있습니다.
*양측의 서면 동의 없는 무단 전재 및 복제를 금합니다.
*잘못 만들어진 책은 바꿔드립니다.